ANNE UND NIKOLAUS SCHNEIDER

Vom Leben und Sterben

ANNE UND NIKOLAUS SCHNEIDER

Vom Leben und Sterben

**Ein Ehepaar diskutiert über Sterbehilfe,
Tod und Ewigkeit**

Im Gespräch mit Wolfgang Thielmann

 neukirchener

Bibliografische Information der Deutschen Nationalbibliothek:
Die Deutsche Nationalbibliothek verzeichnet diese Publikation in der
Deutschen Nationalbibliografie; detaillierte bibliografische Daten sind im
Internet über http://dnb.d-nb.de abrufbar.

Alle Bibelstellen sind entnommen aus: Lutherbibel, revidierter Text 1984,
durchgesehene Ausgabe © 1999 Deutsche Bibelgesellschaft, Stuttgart.

© 2019 Neukirchener Verlagsgesellschaft mbH, Neukirchen-Vluyn
Alle Rechte vorbehalten
Umschlaggestaltung: Grafikbüro Sonnhüter, www.sonnhueter.com,
unter Verwendung eines Bildes von © Hannes Leitlein
Lektorat: Anja Lerz, Duisburg
DTP: Magdalene Krumbeck, Wuppertal
Verwendete Schrift: Scala
Gesamtherstellung: GGP Media GmbH, Pößneck
Printed in Germany
ISBN 978-3-7615-6533-9 Print
ISBN 978-3-7615-6534-6 E-Book
ISBN 978-3-7615-6628-2 Hörbuch

www.neukirchener-verlage.de

Inhalt

Einführungen

1. Wolfgang Thielmann

Darf ich den Schluss meines Lebens selber festlegen? Darf ich das, wenn mir die Kraft zum Leben ausgeht, wenn mich Schmerzen quälen oder meine Hoffnung nur noch in der nächsten Chemotherapie mit furchtbaren Nebenwirkungen und ungewissem Ausgang liegt? Und sollte ein Arzt mir dabei helfen können, mein Leben zu beenden? Und wenn ich mir ein tödliches Medikament kaufen und ans Bett stellen könnte – würde mich das entlasten und mir die Sorge vor der Qual nehmen, sodass ich mich nicht selbst töte, sondern weiter aufs Leben einlasse?

Um diese Fragen geht es in dem vorliegenden Buch. Ich habe Anne und Nikolaus Schneider dabei begleitet, sich und ei-

----

Das **niederländische Gesetz „über die Kontrolle der Lebensbeendigung auf Verlangen und der Hilfe bei der Selbsttötung"**:
In den **Niederlanden** darf ein Patient Medikamente verlangen, die ihn töten, wenn ärztlich bestätigt wurde, dass sein Leiden unerträglich und sein Zustand aussichtslos ist. Freunde dürfen sie ihm besorgen, und ein Arzt darf **aktiv** eine tödliche Spritze setzen. Die Tötung auf Verlangen und die Unterstützung beim Suizid sind unter bestimmten Voraussetzungen nicht mehr strafbar.
„Die Niederlande" stehen hier verkürzt für die **aktive Sterbehilfe.**

nander Fragen zu stellen und Antworten zu formulieren, aufgebaut auf theologische Überlegungen und gesättigt von biografischen Erfahrungen. Beide haben eine Tochter verloren, die an Leukämie starb. Beide haben eine Krebserkrankung von Anne Schneider durchgestanden. Und beide haben andere Menschen bei diesen Fragen und beim Abschied vom Leben beigestanden.

Mich beschäftigen diese Fragen, seit ich Mediziner aus den Niederlanden kennengelernt habe, die die Fragen von oben ohne Umschweife mit Ja beantworteten. Wir trafen uns zum ersten Mal auf einer Tagung deutscher Politiker, Mediziner, Juristen und Theologen mit Kollegen aus den Niederlanden. Gerade war in den Niederlanden ein neues Gesetz verabschiedet worden „über die Kontrolle der Lebensbeendigung auf Verlangen und der Hilfe bei der Selbsttötung". Es war weltweit das erste seiner Art. In den Niederlanden und auch in Belgien darf ein Patient seitdem Medikamente verlangen, die ihn töten. Freunde dürfen sie ihm besorgen, und ein Arzt darf eine tödliche Spritze setzen – wenn der Patient das ausdrücklich wünscht, wenn er von einem Arzt beraten wurde, wenn sein Leiden unerträglich und sein Zustand aussichtslos ist. Und wenn ein zweiter Arzt das bestätigt hat. Regionale Kommissionen überprüfen die einzelnen Fälle im Nachhinein.

Damals habe ich neu verstehen gelernt, warum wir in Deutschland vorsichtiger sind. Das Christentum, die Naturrechtslehre und Immanuel Kant haben starke Barrieren errichtet gegen die Selbsttötung und schon gar die Mithilfe dazu: Kant, weil die Selbsttötung dem kategorischen Imperativ widerspricht, nach dem das eigene Handeln immer auch vorbildlich für andere sein soll, das Christentum, weil eine Selbsttötung in das souveräne Handeln Gottes eingreift. Auch wenn wir heute ein anderes Verständnis der Not von Menschen am Ende ihres Lebens gewonnen haben – die meisten Staaten verbieten die Beihilfe zur Selbsttötung bis heute. So sind zum Beispiel alle Versuche gescheitert, vor dem Europäischen Gerichtshof für Menschenrechte ein Recht auf Beihilfe zur Selbsttötung zu erstreiten.

Zudem verpflichtet uns die Geschichte des Dritten Reiches mit seiner Vernichtung angeblich unwerten Lebens. Die Niederländer sprachen im Rahmen der Debatte unbefangen über „Euthanasie", den „guten Tod", ein Wort, das in Deutschland vergiftet ist: Die Nazis benutzten es für die Ermordung behinderter Menschen. Diese Geschichte veranlasst Deutsche bis heute, Fragen nach der Hilfe zu sterben besonders vorsichtig zu beantworten. Denn die Möglichkeit, auf Verlangen zu sterben, kann sich umkehren in einen sozialen Druck, seinem Leben ein Ende setzen zu lassen, wenn es angeblich nichts mehr wert ist, weil es nichts mehr produziert außer Hilfebedarf. Deswegen gilt in Deutschland die unbedingte Pflicht zur Hilfeleistung, wenn jemandes Leben in Gefahr ist – auch, wenn er sich selber das Leben zu nehmen versucht hat.

Auf der Tagung mit den Niederländern habe ich den alttestamentlichen Hiob als Kronzeugen gegen die niederländische Regelung angeführt. Hiob klagt Gott an, dass er ihm das Leben zumutet, obwohl er ihm alles genommen hat: seinen Besitz, seine Familie, seine Gesundheit. Sein Zustand war aussichtslos und sein Leiden unerträglich. Und doch hat er sein Leben ausgehalten, bis Gott ihm begegnete und ihn ansprach und Hiob daraus neue Hoffnung gewann. Daraus leitete ich die Einsicht ab, dass niemand beim Sterben allein gelassen werden dürfte. Dann würden die Fragen nach der Hilfe zum Sterben leiser. Da sei eine Lösung zu suchen. Das entspreche zudem der Antwort der Christen auf die Frage nach dem guten Tod, die seit der Antike gestellt wird.

Die Antwort der Christen auf Leiden und Sterben war eine systematische und organisierte Krankenpflege unter der Verantwortung des Bischofs.

Die Antwort der Christen auf Leiden und Sterben war eine systematische und organisierte Krankenpflege unter der Verantwortung des Bischofs. So wurden die sich daraus entwickelnden Krankenhäuser mehr noch als Kult und Bildung zum grundlegenden Beitrag der Christen zur Kultur der westlichen Welt und darüber hinaus. Bis heute ist das Krankenhaus ein Charakteristikum einer christlich geprägten Kultur. Schon in den ersten Jahrhunderten hieß es, es zeichne die Christen aus, dass bei ihnen niemand ungetröstet stirbt.

Die Lösung, so sagte ich damals, liege nicht in der unwiderruflichen Beendigung des Lebens. Doch ein niederländischer Arzt entgegnete mir zornbebend, dass auch er evangelischer Christ sei – und dass er es sich in aller Form verbitte, sich einen Verstoß gegen christliche Grundlagen vorhalten zu lassen. Die Situation habe sich gewandelt. Im Zeitalter der modernen Medizin könne man ein Leben bis ins Absurde verlängern. Und die Selbstbestimmung des Menschen über sein Leben, auch über dessen Ende, sei ein ebenso legitimes Kind des Christentums wie die Fürsorge für Kranke. Die alte Frage brauche eine neue Antwort.

Anne und Nikolaus Schneider haben diese Entwicklung als Religionslehrerin und als Pfarrer in Moers nahe der niederländischen Grenze erlebt und sich mit der Frage nach dem Sterben auseinandergesetzt. Später wurde Nikolaus Schneider Präses der Evangelische Kirche im Rheinland und 2010 Ratsvorsitzender der Evangelischen Kirche in Deutschland (EKD). Er hat die Frage oft zum Thema gemacht.

Die Diskussion ist weitergegangen. In der Schweiz haben sich Vereinigungen gebildet, die sterbewilligen Menschen ein tödliches Medikament besorgen. Dort ist die Begleitung bei der Beendigung des eigenen Lebens erlaubt, solange der Sterbewillige das tödliche Mittel selbst einnimmt. Die bekannteste Organisation, „Dignitas", berichtet, dass sie mehr Interessenten aus Deutschland betreut als aus der Schweiz. Doch während dieses Buch entsteht, muss sich der „Dignitas"-Leiter Ludwig Minelli vor Gericht dem Vorwurf stellen, mit der Tätigkeit seines Vereins unrechtmäßig viel Geld an sich gebracht zu haben.

Ende 2010 berichtete ich für meine Zeitung, die ZEIT, über ein Ehepaar aus München, das zwei Jahre brauchte, um es unter die Füße zu bekommen, dass die Mutter der Frau mithilfe von „Dignitas" ihr Leben beendet hatte, ohne mit den Kindern darüber zu sprechen. Sie fahre in Urlaub, hatte sie den Kindern gesagt. Zwei Wochen später erhielten sie die Einladung zu ihrer Beisetzung. Sie hatte alles allein geregelt.

In den Jahren danach schwoll die Diskussion um einen selbst gewählten Tod und ein würdiges Sterben erneut an. „Dignitas" gründete seinen deutschen Verein. Und wirbt für ein selbstbestimmtes Sterben. Weitere Organisationen traten auf, darunter die des früheren Hamburger Senators Roger Kusch, die auch in Deutschland Menschen helfen wollten, an tödliche Medikamente zu kommen. Das veranlasste den Bundestag, die Hilfe beim Sterben neu zu regeln. Die Bundesärztekammer ist bis heute der Meinung, dass es gegen das ärztliche Ethos ver-

---

Die Regelung **in der Schweiz**: Die Begleitung bei der Beendigung des eigenen Lebens ist dort erlaubt, solange der Sterbewillige das tödliche Mittel selbst einnimmt.

„Die Schweiz" steht hier verkürzt für die **passive Sterbehilfe, den assistierten, begleiteten, aber selbst vollzogenen Suizid.**

stößt, Medikamente zu verabreichen in der Absicht, den Patienten zu töten.

In den Beratungen des Bundestages setzte sich 2015 der Antrag von Kerstin Griese (SPD) und Michael Brand (CDU) durch. Er verbietet die gewerbsmäßige Sterbehilfe und schiebt damit der Tätigkeit von „Dignitas" in Deutschland einen Riegel vor. Kerstin Griese hatte ihren Vorschlag in Abstimmung mit der evangelischen Kirche und ihrem Ratsvorsitzenden Nikolaus Schneider vorbereitet.

Allerdings sind die Regeln so eng gefasst, dass Ärzte sich fragen, ob das Verbot der Gewerbsmäßigkeit auch sie treffen kann, denn sie verdienen mit ihrer Arbeit Geld. Vor dem Bundesverfassungsgericht sind derzeit Klagen gegen das Gesetz anhängig. Und Roger Kusch will ein Schlupfloch gefunden haben, um sein Angebot mithilfe eines Schweizer Ablegers seiner Organisation neu aufleben zu lassen. Das macht dieses Buch noch einmal aktueller.

Auch Anne Schneider hält die Regelung von 2015 für zu eng. Sie erkrankte 2014 an einer aggressiven Form von Brustkrebs. Die Prognose war ungünstig. Damals hat sie in zwei großen Interviews in der „Zeit" und im „Stern" auch über das Thema Sterbehilfe gesprochen. Sie sagte damals: Wenn keine Behandlung mehr anschlägt, wünsche sie sich die Möglichkeit, in die Schweiz zu fahren und ihrem Leben selbst ein Ende zu setzen. Damit trugen die beiden den Konflikt, der die Gesellschaft beschäftigte, auch zwischen sich aus. Nikolaus Schneider lehnt es ab, das eigene Leben zu beenden. So lautete auch die Position der EKD. Aber er erklärte, dass er seine Frau in die Schweiz begleiten würde. Inzwischen ist die akute Krebstod-Gefahr für Anne Schneider abgewandt.

Doch bleiben Fragen, auch die, die beide unterschiedlich beantwortet haben: Ist es richtig, Menschen beim Leben und beim Sterben zu helfen, aber ihnen nie direkt zum Sterben zu verhelfen? Sollte ein Arzt Schmerzmittel verabreichen, dann bei schweren Schmerzen möglicherweise auch so starke, dass der Patient davon sterben kann – aber darf er kein Mittel verordnen, das das Sterben *beabsichtigt*? Folgt das aus der Überzeugung, dass Gott uns das Leben gibt und nimmt und nicht wir selbst?

Mildert es zudem den Druck des Leidens, wenn ich ein tödliches Mittel am Bett stehen habe, sodass ich nicht dazu greife? Oder fördert, ganz entgegengesetzt, die Möglichkeit der Selbsttötung den Druck auf den Patienten, mit seinem Tod den Angehörigen und der Gesellschaft viel Aufwand zu ersparen? Was bedeutet ein würdiges Lebensende?

Ich danke Anne und Nikolaus Schneider, dass sie sich auf dieses Gespräch eingelassen haben und ihre Gedanken mit den Lesern teilen.

Bonn, im Januar 2019
Wolfgang Thielmann

2. Anne Schneider

Aufgewachsen in einer rede- und diskussionsfreudigen Großfamilie, deren Mitglieder evangelische und katholische, freikirchliche und landeskirchliche, evangelikale und befreiungstheologische Wurzeln und Neigungen hatten, stand für mich außer Frage:

Gott existiert. Und: Über Gott kann man streiten. Vor allem darüber, was Gott von uns Menschen erwartet. Wie in Gottes Augen wohl ein „gutes Leben" und ein „gutes Sterben" aussehen.

Sollen und müssen wir Menschen um Gottes und um unserer Seligkeit willen auf vieles verzichten, was Spaß macht oder was unser Verstand als sinnvoll erachtet? Und wem oder was billigen wir die Autorität zu, konkret und aktuell zu entscheiden, auf was wir Menschen verzichten müssen?

Diese strittigen Glaubens- und Lebensfragen haben mich mein Leben lang theoretisch und praktisch begleitet. In unterschiedlicher Intensität und mit ganz unterschiedlichen Konkretionen. Das ging von banalen Kindheitsfragen wie „Ist mein Rommé-Kartenspiel ein Gebetbuch des Teufels?" über existenziell durchaus wichtige Fragen meiner Jugend wie „Erwartet Gott von mir, dass ich meine Jungfräulichkeit bis zur Eheschließung bewahre?" bis zu „Pfusche ich Gott in sein Handwerk, wenn ich die Pille nehme, um eine Schwangerschaft zu vermeiden?". Und das geht bis heute, wenn ich etwa mit Nikolaus über die Frage streite „Kann und darf ich in meiner Verantwortung vor Gott und Menschen meinem Leben selbst ein Ende setzen?".

Sterben und Tod gehören zum Leben – diesen lapidaren Satz habe ich in meinen jetzt siebzig Lebensjahren nicht nur als tröstliche Lebensweisheit, sondern auch als aufrüttelnde Infragestellung meiner Gottesbilder erfahren. Vor 14 Jahren starb unsere jüngste Tochter an Leukämie, seit mehr als vier Jahren lebe ich mit der Diagnose Brustkrebs. In den letzten Monaten haben wir verstärkt erlebt und erlitten, dass Abschiede und Beerdigungen von Freunden und Weggefährtinnen eine Begleitmelodie unseres fortgeschrittenen Alters sind. Und nicht zuletzt verunsichern und erschrecken uns jeden Tag neu die Nachrichten von gewaltsamem Sterben in Kriegen, bei Unfällen, Terroranschlägen, Naturkatastrophen und auf der gefährlichen Fluchtroute über das Mittelmeer.

Sterben und Tod gehören zum Leben – unter manchen Umständen sogar zu einem „guten Leben". Auch das steht für mich außer Frage. Infrage allerdings steht für mich, wie viel und was wir Menschen an den Umständen von Sterben und Tod tun können und dürfen, damit auch die Schlussphase des irdischen Lebens „gutes Leben" ist.

Die Diskussion über das Thema „Sterbehilfe" begleitet Nikolaus und mich schon viele Jahre. Seit unserem gemeinsamen Theologiestudium streiten wir darüber, wie viel Verantwortung der Mensch vor Gott und auch im Glauben an Gottes Wort für seine Schlussphase des irdischen Lebens trägt. Konkreter wurde es 2001, als die Niederlande ein Sterbehilfegesetz verabschiedet haben. Dort können Ärzte seitdem aktiv Hilfe zum Sterben leisten, wenn ein Patient das ernsthaft und längerfristig wünscht, weil er schwere Schmerzen leidet und keine Aussicht auf Besserung besteht.

Wir wohnten damals in Moers, eine halbe Autostunde von der niederländischen Grenze entfernt. Ich war Religionslehrerin an einer Realschule. Das Thema kam in meinem Unterricht vor. In den Klassen 9 und 10 behandelte ich mit meinen Schülern und Schülerinnen Tod, Sterben und Sterbehilfe als religionsethisches Thema. Schon in dieser Zeit haben Nikolaus und ich festgestellt, dass wir unterschiedlich denken im Blick auf die Bewertung, wie weit menschliche Verantwortung an dieser Stelle gehen kann und gehen sollte – theologisch, aber auch politisch. Und ob für uns persönlich ein assistierter Suizid – etwa in der Schweiz – denkbar wäre. Für mich war das der Fall, für Nikolaus nicht. In dieser Kontroverse hatte Nikolaus allerdings zugesagt, mich in einer solchen Ausnahmesituation zu begleiten und meine Hand zu halten, er würde aber mein Sterben nicht selber aktiv herbeiführen.

Im Juni 2014 bekam unsere langjährige theoretische Diskussion durch meine Krebsdiagnose eine persönliche und praktische Färbung: Es handelte sich um einen inflammatorischen, also „entzündlichen" Brustkrebs, der schon mehrere Lymphknoten im Achselbereich befallen hatte. Es hätte sein können, dass auch schon Knochen und andere Organe mit Krebszellen infiltriert waren. Damals habe ich gesagt: Ich nehme den Kampf auf, aber ich weiß nicht genau, wie lange und wie weit ich ihn führe. Ich laufe dem Leben nicht um jeden Preis hinterher.

Beim Sterben unserer Tochter Meike hatten wir in den letzten Monaten ihres Lebens den Eindruck, man kämpfe medizinisch gegen eine Hydra aus der griechischen Mythologie: Eine Schlange mit drei Köpfen, und wenn man einen abschlägt, wachsen zwei neue nach. Ich habe deshalb Nikolaus und dann auch öffentlich in Interviews erklärt: Jetzt könnte eintreten, was Nikolaus mir schon vor Jahren zugesagt hat, nämlich dass er mich in „die Schweiz" begleitet ... „Die Schweiz" war dabei allerdings ein politisches Statement von mir, weil ich die dortige gesetzliche Regelung zur Sterbebegleitung – anders als in Holland mit der aktiven Sterbehilfe – für sinnvoll und angemessen halte. Und ich mir auch für unser Land eine solche Regelung wünsche. Für mich persönlich hoffte und hoffe ich, dass ich in einer solchen Situation befreundete Ärztinnen oder Ärzte finde, die mir einen Suizid zu Hause ermöglichen. Dass ich mich also nicht in den Zug setzen und womöglich in einem Schweizer Hotelzimmer oder gar auf einem Parkplatz mein Leben beenden muss.

Vertrauensvolle und widersprüchliche Gedanken bei unseren theologischen Überzeugungen zu einem assistierten Suizid bewegten Nikolaus und mich also nicht erst nach meiner Krebsdiagnose im Sommer 2014. Und trotz aller Kontroversen über die theologische Bewertung der Selbsttötung und über angemessene politische Regelungen zum assistierten Suizid waren und sind Nikolaus und ich uns doch in den für uns existenziell wichtigen Punkten einig:

Die beste Sterbehilfe, die wir uns selber geben können, ist das Vertrauen, dass in Gott unser Glauben, Hoffen und Lieben *„bleiben"*, also eine Zukunft über den Tod hinaus haben.

Und die beste Sterbehilfe, die Menschen einander geben können, ist Vertrauen zueinander und Zeit füreinander.

Gott existiert. Und: Über Gott, über sein lebendiges Wort für unser Leben, können und müssen wir streiten. Davon bin ich bis heute überzeugt. Widersprüchliche theologisch-ethische Gedanken im Blick auf unsere menschliche Verantwortung für ein „gutes Leben" und für ein „gutes Sterben" zeugen nicht von mangelndem Gottvertrauen, sondern sind Preis und Konsequenz von der „Freiheit selbstbewusster Christenmenschen".

3. Nikolaus Schneider

Ich bin in einer Familie groß geworden, die in meiner Kinder- und Jugendzeit ganz selbstverständlich von der „Nicht-Existenz Gottes" ausging. Das wurde gar nicht diskutiert. Bei uns zu Hause wurde überhaupt nicht viel diskutiert oder gestritten. Nicht über Gott und auch nicht über Tod und Sterben, obwohl beides doch zu den Grundgegebenheiten des Lebens gehört. Und obwohl unabweislich ist: Das Sterben ist der letzte Teil des Lebens, Leben und Sterben gehören deshalb zusammen.

Auch wenn Sterben und Tod zu den Grundgegebenheiten

des Lebens gehören, gehörte deren *Erleben* nicht selbstverständlich zu meiner Kinder- und Jugendzeit. Ich kann mich persönlich gar nicht exakt daran erinnern, dass ich das Sterben von Menschen aus unserer Familie in Kindheit oder Jugend bewusst miterlebt hätte. Ich kann auch keinen klaren Eindruck von einer Beerdigung in meinem Gedächtnis aufrufen. Lediglich vage Erinnerungen kann ich benennen, die von dunklen, gedrückten Stimmungen, von Unverständnis und Sprachlosigkeit zeugen. Sie luden auf keinen Fall dazu ein, später nachzufragen oder darüber sprechen zu wollen. Ich habe eher den Mund verschließende und das Denken einfrierende Tabus erlebt.

Mein Entschluss, am Konfirmationsunterricht teilzunehmen, mich taufen zu lassen, Verantwortung in der gemeindlichen Jugendarbeit zu übernehmen, hat diese Situation nicht tief greifend verändert. Auch nicht der gute Religionsunterricht am Gymnasium, der meine Vorstellungswelt und meine Sprachfähigkeit erweiterte – was in diesen Fragen zu einer Distanz zu meiner Familie führte. Denn die Existenz Gottes sah ich nun anders als meine Familie, über Sterben, Tod und Auferstehung dachte ich anders, aber die existenzielle Verankerung war theoretisch. Was das alles für meine Lebenspraxis bedeuten mag, diese Frage deutete sich erst an.

Das änderte sich erst in meiner Studien- und Ausbildungszeit. Tod und Sterben gehörten zu den Themen des Studiums. Ganz lebhaft habe ich ein Blockseminar zum Thema „Auferstehung" in Erinnerung, in dem ich die Texte des AT und des NT zum Thema gründlich kennenlernte. Aus der exegetischen und kulturgeschichtlichen Beschäftigung erwuchs auch die Notwendigkeit, eine persönliche Position zu beziehen. Ich fragte mich also nun viel intensiver, was Sterben und Tod für mich persönlich bedeuten, welche Vorstellungen von Sterben und Tod und deshalb auch vom Leben für mich bedeutsam sein sollen, und was das mit meiner Lebenshaltung macht. Aber auch das war eine theoretische Beschäftigung, die nicht dazu diente, das konkrete *Erleben* von Sterben und Tod einzuordnen und zu verarbeiten. Das sollte sich aber bald ändern: Der dramatische Tod eines Onkels meiner Frau, der verstörte Kinder, Jugendliche und eine Witwe hinterließ, führten bei mir auch zur existenziellen Auseinandersetzung mit den Fragen nach einem „guten Sterben" und den Hoffnungen über den Tod hinaus.

In meiner praktischen Ausbildung für das Pfarramt waren die ersten Beerdigungen die für mich emotional stärksten Herausforderungen: Ich war herausgefordert, existenzielle Grenzerfahrungen zu begleiten, als Pastor den Menschen nahe zu sein und ihre Situation aus der Kraft meines Glaubens zu deuten. Solidarisches und gleichzeitig helfendes „Mitleben und Mitleiden" waren nun gefragt, nicht das theologisch-kundige Erörtern von Theorien. Diese Ausbildungszeit war prägend für das Herausbilden meiner Lebenshaltung, bei der Existenzielles und Professionelles zusammenkamen.

Beerdigungen waren eine Hauptaufgabe meiner Zeit als Gemeindepfarrer. Vor allem das Bemühen um die Begleitung der Angehörigen und Trauernden verstand ich als eine wesentliche Aufgabe meines pastoralen Dienstes. Das Einordnen und Deuten von Lebensgeschichten der Verstorbenen, aber auch der trauernden Angehörigen auf dem Hintergrund der biblischen Tradition führte zu einer permanenten Auseinandersetzung mit den Fragen von Tod, Sterben und Leben. Die Leitung von Beerdigungsfeiern war im Grunde eine Anleitung zur Sprach- und Denkfähigkeit und damit auch zur Handlungsfähigkeit von Menschen im Umgang mit Tod und Sterben, um „gut" leben zu können. Und dabei war mein eigenes Denken, Sprechen und Handeln indirekt auch Gegenstand der Vorbereitung, Durchführung und Nachbereitung von Beerdigungen.

Besuche bei und das Gespräch mit Sterbenden selbst, aber

auch das Gespräch mit Angehörigen oder die Begleitung der Familien, wenn zu Hause gestorben wurde, haben mich geprägt. Geprägt hat mich auch, dass eine Gemeindeschwester mich zu Besuchen bei Sterbenden mitnahm. Ich lernte, dass jeder Mensch unvertretbar seinen ganz eigenen Tod stirbt. Und dass das Sterben im Normalfall nicht dramatisch sein muss. Ich lernte, wie schwer es ist, die Frage „wie lange noch?" zu beantworten. Und dass die Hilfe *beim* Sterben und die Hilfe *zum* Sterben ineinander übergehen können. Ich lernte, welche Gedanken und Worte, welche biblischen Stücke und welche Gebete tragen. Ich musste nicht in jeder Situation eigene Worte finden und konnte mich auf tradierte Sprache wie etwa den 23. Psalm oder das Vaterunser verlassen. Es war für mich eine geschenkte Zeit des Hineinlebens und Vertrautwerdens mit der Lebenswirklichkeit des Sterbens, die viele Menschen selten und alle Menschen auf sich selbst bezogen nur einmal erleben – ein großes Privileg.

Vor allem sollten die Bedürfnisse und Wünsche der Sterbenden maßgebend sein.

Als ich mehr und mehr in die Öffentlichkeit hineinwirkende Verantwortung für unsere Kirche übernahm, wurden die Fragestellungen andere: Welche Normen sollen in unserer Gesellschaft für die letzte Wegstrecke jedes Menschen gelten? Welche Hilfestellung kann und muss eine Gesellschaft für die Familien und die Sterbenden leisten? Welche Aufgaben haben die Kirchen dabei? Welche Einrichtungen und Dienste benötigen wir, damit Menschen in unserem Land gut leben und sterben können? Wie viel Geld nehmen wir als Kirche und Staat dafür in die Hand? Welche Rechte und Verbote benötigen wir dazu?

Bei der Diskussion all dieser Fragen wollte ich meine Positionen nicht allein aus den Lehren unserer Kirche theologisch-dogmatisch oder aus der Heiligen Schrift biblisch-exegetisch ableiten, um Forderungen und Empfehlungen zu formulieren. Vor allem sollten die Bedürfnisse und Wünsche der Sterbenden maßgebend für Regelungen sein, die in unserer Gesellschaft gelten. Meine praktischen Erfahrungen als Gemeindepfarrer hatten mich in den Stand gesetzt, bei den Debatten über gesellschaftliche Normen mit innerer Gewissheit für lebensfreundliche Lösungen einzutreten. Das bleibt für mich gültig, auch wenn die Spannung zwischen der seelsorgerlichen Betrachtung einer konkreten Sterbesituation und der öffentlichen Diskussion über das gesellschaftliche Normengefüge nicht aufzulösen ist.

Am intensivsten betroffen von den Fragen nach Leben, Sterben und Tod war ich bei der Begleitung unserer Tochter Meike während ihrer Leukämieerkrankung. Und ebenso, als meine Frau an Krebs erkrankte und in absehbarer Zeit mit ihrem Tod rechnen musste. Beide Erfahrungen haben mich zutiefst „durchgerüttelt", Wunden an meiner Seele geschlagen und Narben zurückgelassen. Diese Erfahrungen führten mich aber auch zu der Gewissheit, dass die in meinem bisherigen Leben erworbenen Überzeugungen und Lebenshaltungen mich selbst zu tragen vermögen, wenn ich existenziell an meine Grenzen komme. Insofern waren diese Krisenzeiten Zeiten eines „guten Lebens" für mich. Und heute lebe ich zuversichtlich in meiner letzten Lebensphase, an deren absehbarem Ende mein eigenes Sterben und mein eigener Tod stehen werden – und die kommende Zeit in Gottes Reich.

Die vertrauensvollen und widersprüchlichen Gedanken dieses Buches sollen zum Einordnen, Akzeptieren und Umgehen mit den großen Lebensthemen Sterben und Tod dienen. Bei allen offenen Fragen sollen Menschen „gut" mit der Ungewissheit über die ihnen zugemessene Lebenszeit, die Art ihres Sterbens und ihres Todes leben können. Und dazu gehört für mich, dass bei der Beantwortung der Fragen danach, was an

Hilfen beim Sterben und zum Sterben geboten oder verboten ist, eine vollständige und letzte Eindeutigkeit nicht möglich ist. Dazu gehört aber vor allem, dass das Zeugnis unseres Glaubens uns zu tragen vermag: Gott geht mit uns durch das Sterben und den Tod hindurch. Wir können diesen letzten Weg im irdischen Leben zum Leben in Gottes Reich ganz seinem Geleit anvertrauen.

„Gott geht mit uns durch das Sterben und den Tod hindurch." – Bevor wir uns mit dieser Annahme beschäftigen, wollen wir in diesem Kapitel klären, worüber wir reden, wenn wir von Gott sprechen.

I. Wer ist Gott, und wenn ja, wie viele?

WOLFGANG THIELMANN: Lassen Sie uns über die Grundlage reden, von der aus wir Christen ethische Fragen entscheiden. Welche Gottesbilder prägen unseren Glauben und damit auch unsere theologisch-ethischen Entscheidungen?

NIKOLAUS SCHNEIDER: An dieser Frage wird ein Grundproblem der Theologie deutlich: Wie können Menschen überhaupt von Gott reden? Die Rede von Gott macht ja nur Sinn, wenn wir Gott eine uns Menschen unverfügbare Transzendenz zubilligen. Deshalb können Menschen niemals absolut wahr und eindeutig von Gott reden, denn Gott ist Gott und wir sind Menschen. Wir können Gott nicht definieren und nicht logisch widerspruchsfrei über Gott reden, so wie wir über die Welt reden und sie erforschen können. Im Blick auf das Reden von Gott sind wir angewiesen auf Zeugnisse, die Menschen uns hinterlassen, die bestimmte Erfahrungen mit Gott gemacht haben. So wie die Zeugnisse, die sich in der Bibel niedergeschlagen haben, oder wie das, was uns andere Menschen an Erfahrungen mit Gott erzählen. Am Ende kommt es aber auf unsere eigenen Erfahrungen an, die wir mit Gott machen.

Unsere Gotteserfahrung geht über unseren Verstand und unser Vorstellungsvermögen hinaus.

Was wir von Gott erfahren, bleibt an unseren Verstand und an unser Vorstellungsvermögen gebunden. Unsere Gotteserfahrung geht allerdings über unseren Verstand und unser Vorstellungsvermögen hinaus. Zwar ist die Bindung an unser menschliches Vermögen die Grenze dessen, was wir aus uns heraus über Gott sagen und was wir von Gott glauben können. Zwar ist das im Ansatz unangemessen, denn wir verlängern Erfahrungen und Vorstellungen, Reflexionen und Überlegungen aus unserem irdischen Leben und unseren menschlichen Erfahrungen in Gottes Reich und Ewigkeit. Anders geht es nicht. Wir können die Grenzen unseres Menschseins nicht überschreiten. Wir können nicht „Gott" werden. Aber das ist für Gott anders: *Er* kann die Grenzen zum Menschen überschreiten, sich Menschen offenbaren und sein Wort unter Menschen lebendig werden lassen.

So wird Unmögliches möglich. Deshalb können wir von Gott reden. Denn unsere Worte und Vorstellungen bleiben zwar an unsere Grenzen gebunden, werden aber gleichzeitig von Gottes Geist inspiriert, sind also auch Ausdruck von Gottes Grenzüberschreitungen.

Was wir über Gott sagen können, sagen wir also aufgrund von Beziehungserfahrungen. Aus Beziehungen zu Menschen heraus, denen wir vertrauen können, wenn sie über ihre Gotteserfahrungen berichten. Und aus unserer eigenen Beziehung zu Gott heraus, die aus seiner Grenzüberschreitung zu uns möglich wird. Deshalb scheinen mir Beziehungsbegriffe am geeignetsten, um Gottesvorstellungen auszudrücken, auf die wir uns in unserem Leben und Sterben verlassen können.

ANNE SCHNEIDER: Für mich ist genau das die unhinterfragbare Grundannahme für unseren Glauben: Dass Gott sich auf die menschliche Ebene begeben hat und dass Gottes Geist heute den menschlichen Geist inspiriert. Davon redet die Bibel und das müssen wir als Voraussetzung akzeptieren, sonst ergibt das menschliche Reden von Gott keinen Sinn. Ich rede hier nicht nur und keinesfalls exklusiv von einer Menschwerdung Gottes in Jesus. Wohl glaube ich Jesus als das für Christinnen und Christen *grundlegende* lebendige Gotteswort. Aber für mich offenbarte sich Gott etwa auch bei den Propheten Israels so, dass sein Wort von Menschen wahrgenommen werden konnte. Und ich bin davon überzeugt, dass Gott auch außerhalb von Judentum und Christentum mit Menschen kommuniziert hat und bis heute kommuniziert. Diese Offenbarungsakte gehen von Gott aus. Nur weil und nur wenn Gott sich auf die menschliche Ebene begibt, können wir mit unseren menschlichen Gottesvorstellungen und Gottesbildern angemessen antworten.

Ich bin mir mit Nikolaus darin einig, dass wir *nicht* annehmen, Gott habe die Bibel unmittelbar geschrieben oder wörtlich diktiert. In der Bibel finden wir Gottes Wort untrennbar vermischt mit Menschenworten. Auch Jesus gibt es für uns nicht „unmittelbar", auch über ihn haben wir nur menschliche Glaubenszeugnisse, Berichte und theologische Reflexionen – dabei sind meinem Christusglauben die vier Evangelien näher als die Reflexionen von Paulus über Jesus. Alle biblischen Texte über Gottes Offenbarungen und Wirken sind für mich ganz wesentlich durch menschliche – vermutlich vorwiegend männliche! – Erfahrungen und Interessen geprägt. Das unterscheidet mich von biblischen Fundamentalisten.

An manchen Stellen der Bibel scheint mir der Menschengeist den Geist Gottes sogar zu verdunkeln. Etwa bei einigen Stellen im Buch der Offenbarung, wenn sie von Rachegefühlen gegen die Unterdrücker der frühen Christenheit getrieben sind und in Rachebildern schwelgen als Genugtuung dafür, dass Glaubensgeschwister gefoltert und getötet werden.

Auch Gottesbilder, die Züchtigungen von Kindern und strafende Gewalt schönreden – wie etwa im 12. Kapitel des Hebräerbriefes (Verse 6–11) – kann ich nicht als göttliche Offenbarung glauben.

Darin liegen für mich die Kernaufgabe und das Kernproblem der Theologie: Sie muss unterscheiden, wo sie Gottes Wort im Menschenwort wahrnimmt oder wo Menschenworte das Wort Gottes verdunkeln und verfälschen. Wir Menschen hatten und haben dafür kein eindeutiges Kriterium, weder in der Bibel noch in der jeweils aktuellen Theologie, das hier sauber und eindeutig trennen könnte. Menschen müssen hier immer wieder neu in der Verantwortung vor Gott und vor ihren Mitmenschen theologische Entscheidungen treffen. Und sie müssen immer wieder neu fragen, welche Wirkung eine bestimmte theologische Behauptung oder ein bestimmtes Gottesbild haben. Aber Achtung: Auch die Wirkungen sind ambivalent. Gottes Wort in alten Texten zu hören und darauf zu antworten, das ist und bleibt ein Prozess von schwierigen Entscheidungen. Es gibt keine absolute Eindeutigkeit und Sicherheit.

NIKOLAUS SCHNEIDER: In der Tat, und es gibt auch keine objektive Gewissheit, um festzustellen: Das und nur das ist Gottes Stimme. Aber es gibt Annäherungen und konkrete Wahrheiten in konkreten Situationen. Und der Maßstab der Wirkung – etwa ob unsere Rede von Gott einen Menschen aufrichtet oder zerbricht – hilft sehr bei der Unterscheidung.

ANNE SCHNEIDER: Ich mag den Schweizer Theologen und Dichter Kurt Marti, auch weil er mir deutlich gemacht hat: Wir müssen *widersprüchlich* von Gott reden. Sobald wir eindeutig von Gott sprechen, werden wir ihm nicht gerecht. Gott selber zerbricht ständig die Bilder, die wir von ihm entwerfen. So formuliert Kurt Marti in einem Gebet: *„Beugten wir die Knie vor Dir, dem Herrn, kamst Du uns als Bruder entgegen. Beschworen wir Deine Brüderlichkeit, erging die Antwort schwesterlich."*[1] Und Fulbert Steffensky beschreibt,[2] wie er im Alter bemerke, dass seine früheren Gottesbilder in Scherben gehen. Das empfinden auch wir so. Wir werden nicht sicherer in und mit unseren Glaubensvorstellungen und Gottesbildern, sondern wir erkennen ihre Relativität. Anstelle von dogmatischen Glaubenssätzen tragen uns zunehmend konkrete Wahrheiten über unsere Gotteserfahrungen in ganz unterschiedlichen Lebenssituationen. Und dabei brauchen wir gerade für unser Reden von Gott und für unser Kommunizieren über Gotteserfahrungen vertrauensvolle und widersprüchliche Gedanken.

NIKOLAUS SCHNEIDER: Bestimmte Arten der Rede von Gott sind zeit- und kulturgebunden. Sie haben auch etwas mit der Entwicklung der Zivilisation zu tun. Gott, der große Weltenlenker, das ist ein Bild aus der Zeit, wo Könige und Fürsten die absolute Macht in ihrem Land besaßen. Man darf diese Bilder nicht verobjektivieren. Sie werden in dem Moment falsch, wo ich einem einzelnen Menschen sage: Gott hat alles, was dir widerfahren ist und widerfahren wird, in seinem Buch aufgeschrieben, er hat einen speziellen Plan für dich. Ich denke dagegen: Gott ist Gott, wer bin ich, dass ich anfange zu definie-

---

1   Marti, Kurt: DU. Rühmungen © Radius-Verlag Stuttgart 2008.
2   Steffensky, Fulbert: Heimathöhle Religion. Ein Gastrecht für widersprüchliche Gedanken. © Radius-Verlag Stuttgart 2015.

ren, wie Gott ist. Und zu deuten und zu rechtfertigen, was er anderen Menschen zumutet? Ich finde es schon in Ordnung, dass ein einzelner Mensch *für sich* sagt: Gott geht mit mir jetzt diesen Weg, und auch wenn ich mein Schicksal gerade nicht begreife, vertraue ich darauf, dass Gott mit mir doch zu einem Ziel kommt.

Damit drückt er aus, dass er auch in seinen schweren Zeiten auf Gottes Lebensmacht vertraut. Wenn jemand für sich persönlich dieses als eine Glaubenserfahrung so sagen kann, dann sagt er etwas über seine konkrete Gottesbeziehung aus. Aber er sagt es nicht im Sinne einer formal objektiven Definition Gottes. Das muss man auseinanderhalten.

WOLFGANG THIELMANN: Politiker wie Helmut Schmidt und Heiner Geißler haben gesagt, dass ihr Bild von Gott immer unbestimmter wird und sich dadurch für sie auch die Vorstellungen des Christentums relativieren. Haben Sie keine Angst, dass Ihnen Gott fremder wird, dass sein Bild sich nicht nur verändert, sondern seine Konturen insgesamt schwächer werden?

Wir müssen *widersprüchlich* von Gott reden.

ANNE SCHNEIDER: Ja, ich glaube, meine Gottesbilder werden unbestimmter. Und manche meiner vertrauten Gottesbilder zerbrechen. Aber für mich zerbricht nicht die Existenz Gottes. Das hat sich durchgezogen, auch beim Sterben von Meike: Ich musste immer neu Abschied nehmen von Gottesbildern, die ich mir in meiner Kindheit und Jugend gemacht hatte. Ich bin in der Vorstellung des Jesuswortes aufgewachsen, dass Gott alle Haare auf meinem Haupt gezählt hat, mir also letztlich nichts passieren kann, was nicht dem unmittelbaren Willen Gottes entspricht. Und wenn mir ein Leid widerfährt, dann wird es schon seinen guten Sinn haben, denn Gott hat einen Plan und macht alles richtig und für mich zum Besten. Spätestens im Jenseits fügt sich das Puzzle dann für jeden Menschen zu einem schönen, stimmigen Bild zusammen.

Diese Vorstellung habe ich aufgegeben. Ich denke, Gott hat keinen Plan für Folteropfer und verhungernde Kinder. Sobald ich über mein persönliches Leben hinausschaue und auf die Welt blicke, lässt sich der Gedanke nicht mehr durchhalten, dass Gott für jeden dieser gequälten und gebrochenen Menschen einen Plan hatte. Ich kann das jedenfalls nicht mehr denken und auch nicht mehr glauben. Entsprach es Gottes gutem Plan und Willen, dass Ärzte mich vor vier Jahren von meinem aggressiven Krebs heilen konnten, während mein kranker Freund an seiner Krebserkrankung sterben musste? Dieses Bild, Gott hätte für jedes Individuum auf der Welt einen „haargenauen" Plan mit festgelegter Todesstunde, habe ich aufgegeben. Trotzdem ist in mir eine große Dankbarkeit für mein Leben auch Gott gegenüber. Weil mein Leben – auch meine Leiderfahrungen, auch meine Krankheit und selbst der Tod unserer Tochter – immer in so viel Glaube, Hoffnung und Liebe eingebettet war und ist, dass ich es als ein großes Gottesgeschenk sehe.

NIKOLAUS SCHNEIDER: Das gilt auch für mich: Die Existenz Gottes steht für mich nicht infrage, aber auch meine Gottesbilder werden uneindeutiger und abstrakter. Das gilt etwa für eine eindeutige geschlechtliche Fixierung meiner Gottesvorstellung auf das männliche Geschlecht. Ich kann und will mich nicht von dem „Vaterbild" für Gott verabschieden, das in Jesu Verkündigung eine unverzichtbare Rolle spielte. Aber ich habe in den letzten Jahrzehnten gelernt, dass dieses Vaterbild Ergänzungen braucht: *„Gott ist die Liebe"* zum Beispiel. Aber auch Anreden wie *„Gott, du Freundin des Lebens!"*.

Neu wichtig wurde mir in diesem Zusammenhang etwa auch die alttestamentliche Geschichte von Gottes Selbstvorstellung im brennenden Dornbusch. Mose fragt Gott, der ihn aus dem brennenden Busch heraus als Führer des Volkes Israel beruft, nach dessen Namen: Was soll ich sagen, wenn der ägyptische Pharao mich fragt, in wessen Namen ich ihn auffordere, das Volk Israel aus der Knechtschaft freizugeben? Und Gott antwortet: „Ich bin, der ich bin" oder „Ich werde sein, der ich sein werde". Man kann das in einer gewissen Variationsbreite übersetzen. Es heißt auch: *„Ich bin mit dir"* und *„Ich werde mit dir sein"*. Der Name spielt für eine Identität eine große Rolle, in der jüdischen Tradition noch stärker als in unserem modernen säkularen Alltag. Das Märchen vom Rumpelstilzchen zeugt allerdings davon, dass Namen auch hier eine tiefere Bedeutung

Gottes Name enthält eine Verheißung: Gott verspricht sein Geleit.

hatten: Den Namen eines anderen zu kennen, kann zugleich Macht über den anderen implizieren. Die Antwort Gottes auf die Frage des Mose nach seinem göttlichen Namen macht deutlich, dass er die Frage akzeptiert und gleichzeitig zurückweist. Der Name, den Gott von sich preisgibt, entzieht sich jeder eindeutigen Festlegung. Gottes Name enthält eine Verheißung: Gott verspricht sein Geleit. Aber Gott macht sich mit seiner Namensnennung nicht uns Menschen untertan. Das ist mir wichtig: Ich will mit meinem Reden über Gott keine Macht ausüben – weder über Gott noch über andere Menschen.

ANNE SCHNEIDER: Das will ich auch nicht. Aber ich will auch nicht, dass biblische Gottesbilder Macht über mein Fühlen und Denken ausüben. Dass ich etwa angesichts von Leiderfahrungen Klagen und Zweifel an Gottes Walten unterdrücken muss.

Deshalb mag ich das Buch der Psalmen ganz besonders. Die Autoren der Psalmen begeben sich mit all ihrem Fühlen und Denken hinein in die Beziehung zu Gott, mit ihren Zweifeln, ihrer Wut, ihrer Freude. Es geht ihnen um kein abstraktes wissenschaftliches oder philosophisches Gottesbild. Es geht ihnen nicht um eindeutige und geschichtslose Definitionen Gottes. Es geht um ihre konkreten Gotteserfahrungen. Die Psalmbeter loben Gott, sie beklagen sich über ihn, sie hoffen, dass Gott sie rächen wird. In den Psalmen finden wir vertrauensvolle und widersprüchliche Gedanken über Gott und sein Wirken: Dass Gott uns Menschen „wie ein Gras vergehen lässt". Aber auch, dass Gott den Menschen „wenig niedriger als Gott gemacht und alles unter seine Füße getan hat". Ein Psalmbeter freut sich: „Gott, du stellst meine Füße auf weiten Raum." Der nächste klagt: „Mein Gott, warum hast du mich verlassen?"

WOLFGANG THIELMANN: Ich kann also persönlich sagen: Ich habe Gott gebeten, und er hat meine Bitte erfüllt, aber ich soll daraus nicht objektiv ableiten: Wer Gott bittet, dessen Bitte erfüllt er auch? Wenn allein meine konkrete persönliche Beziehung zu Gott über angemessene Gottesbilder entscheidet, schaffe ich ihn dann nicht zu *meinem* Bild?

Religion entsteht durch Kommunikation und Religion braucht Kommunikation, um sich als eine Lebenskraft zu erweisen.

NIKOLAUS SCHNEIDER: Das ist genau der Kern der Religionskritik von Feuerbach. Ludwig Feuerbach meinte, die christliche Theologie als Anthropologie zu enthüllen. Er vertrat die Überzeugung, dass unsere christlichen Gottesvorstellungen und Gottesbilder nur eine Vergötterung des menschlichen Wesens und positiver menschlicher Eigenschaften wären.

Da müssen wir wirklich aufpassen, dass wir uns nicht einen ganz persönlichen Gott nach unseren ganz persönlichen Wünschen, Sehnsüchten und Interessen formen. Deshalb ist für mich die Bindung meines theologischen Denkens und Redens an die Bibel so wichtig und unverzichtbar. Auch und gerade an Bibelstellen, die mich und meine Gottesvorstellungen infrage stellen. Und ich fühle mich – wohl mehr als Anne – mit meinem theologischen Denken, Entscheiden und Urteilen auch an theologische Traditionen und an große Theologen meiner evangelischen Kirche wie etwa Karl Barth gebunden. Die wichtigste Gegenkraft allerdings gegen die Versuchung, uns einen Gott nach unserem Bild zu schaffen, sehe ich in der Erkenntnis: Religion entsteht durch Kommunikation und Religion braucht Kommunikation, um sich als eine Lebenskraft zu erweisen. Mein Glaube verlangt nach Kommunikation mit den Vätern und Müttern des christlichen Glaubens, nach Kommunikation mit theologischen Zeitgenossen, nach Kommunikation mit Menschen, die mein Leben und meinen Glauben teilen, nach Kommunikation mit Menschen anderer Religionen und Weltanschauungen und nicht zuletzt nach Kommunikation mit Gott im Gebet und im Lesen biblischer Texte. Der Austausch von widersprüchlichen Gedanken, der Diskurs über theologische Reflexionen, die Bereitschaft, meine persönlichen Erfahrungen und Ansichten zu relativieren – das alles hilft mir dazu, meinen kleinen Menschengeist nicht mit Gottes Geist zu verwechseln.

WOLFGANG THIELMANN: Nun ist in der Bibel auch davon die Rede, dass Gott am Ende der Zeit Gericht halten wird. Es gibt dabei die Bilder und Vorstellungen von einem unbarmherzig strafenden und verwerfenden Gott. Was bedeuten diese Gottesvorstellungen einer finalen göttlichen Gerichtsverhandlung für Sie?

ANNE SCHNEIDER: Aus meiner Kindheit kenne ich das Wandbild vom breiten und vom schmalen Weg: vom schmalen Weg, der in die ewige Seligkeit, und vom breiten Weg, der in die ewige Verdammnis führt.

WOLFGANG THIELMANN: Das Bild der Stuttgarter Diakonisse Charlotte Reihlen von 1867 hat pietistische Familien über Generationen geprägt. Auch ich habe es noch in meiner Kirche gesehen. Auf dem breiten Weg lagen das Theater, Glücksspielhäuser, interessanterweise auch die Eisenbahn, und am Ende das Höllenfeuer. Auf dem schmalen lagen die Sonntagsschule, die Zeltmission, die Kinderrettungsanstalt und ein Diakonissenhaus und am Ende das gold glänzende neue Jerusalem. In der Bibel heißt es zum neuen Jerusalem: Gott wird abwischen alle Tränen. Aber wohl nicht die der Ungläubigen und derjenigen, die das Leben schon auf der Erde genießen?

NIKOLAUS SCHNEIDER: Ob es wirklich von Gott für manche Menschen nach ihrem Tod eine endgültige Verwerfung geben wird, müssen wir abwarten. Grundsätzlich macht mir der biblische Gerichtsgedanke deutlich, dass es nicht beliebig ist, wie wir leben, sondern dass wir Rechenschaft über unser Leben werden geben müssen. Das wird nicht nur schön. Ich halte mich da an das, was Paulus im 1. Korintherbrief beschreibt: *dass Christus uns retten wird, aber wie durchs Feuer hindurch.* Ich übersetze das gerne so: Es wird peinlich und unangenehm, aber es hat das Ziel, mich zurechtzubringen, nicht, mich zu vernichten. Ich würde also nicht mit Bildern hantieren, nach denen der eine auf ewig gerettet und der andere auf ewig verloren ist und keiner genau weiß, auf welcher Seite er zu stehen kommt. Deshalb bin ich im Blick auf Verdammungsurteile zurückhaltend. Die Vorstellungen vom Gericht Gottes sind für mich die unabweisbare Aufforderung, mir dessen bewusst zu sein, dass wir Verantwortung zu übernehmen haben für uns und unser Leben.

ANNE SCHNEIDER: Wir müssen dabei auch Verantwortung für die Menschen um uns herum und für unsere gesellschaftspolitischen Zustände übernehmen. Die Bibel macht uns deutlich: Es geht Gott nicht allein um das individuelle Seelenheil Einzelner. Gott geht es auch um Frieden und Gerechtigkeit in unseren Beziehungen und Gemeinschaften. Von Kurt Marti gibt es ein wunderbares Ostergedicht:

1. Das könnte den Herren der Welt ja so passen,
wenn erst nach dem Tode Gerechtigkeit käme,
erst dann die Herrschaft der Herren
erst dann die Knechtschaft der Knechte
vergessen wäre für immer.
2. Das könnte den Herren der Welt ja so passen,
wenn hier auf der Erde stets alles so bliebe,
wenn hier die Herrschaft der Herren,
wenn hier die Knechtschaft der Knechte
so weiterginge wie immer.
3. Doch ist der Befreier vom Tod auferstanden,
ist schon auferstanden und ruft uns nun alle
zur Auferstehung auf Erden,
zum Aufstand gegen die Herren,
die mit dem Tod uns regieren.[3]

Dieses Gedicht spiegelt den Gedanken wider, den Nikolaus gerade erläutert hat: Das Leben hier ist nicht beliebig. Es gibt Berichte über Nahtoderfahrungen von Menschen, in denen al-

---

3   Marti, Kurt: Anderes Osterlied: Das könnte den Herren der Welt ja so
    passen. Zuerst erschienen in: Janssens, Peter: Wir können nicht schweigen.
    © Peter Janssens Musik Verlag, Telgte 1970.

les licht und freundlich ist und nette Menschen kommen, um uns abzuholen. Diese Berichte lassen uns glauben: Gott ist der große Allversöhner. Nach unserem Tod ist alles Friede, Freude, Eierkuchen, egal, ob man hier gemordet und gefoltert hat, ob man Opfer oder Täter war. Dagegen spricht der wichtigste Gerichtstext im Neuen Testament in Matthäus 25. Dieser Text, ein Gleichnis Jesu, spricht nicht die Frage des richtigen Bekenntnisses an, sondern des richtigen Handelns. Die Leute, die nach Jesu Gleichnis gerechtfertigt werden, haben ihn in diesem Leben gar nicht gekannt oder erkannt.

Ich brauche diese Vorstellung, denn ich will gar nicht, dass Jesus mich freispricht, weil ich getauft oder Mitglied einer Kirche bin. Ich will, dass Jesus mich freispricht, weil ich viel geliebt habe – so wie die Sünderin im Lukasevangelium. Viele unserer Freunde und Freundinnen leben als Atheisten oder Agnostiker, aber sie handeln vielfach so, wie Gott es nach den biblischen Zeugnissen von Menschen erwartet. Ich kann und will sie nicht von Gottes Reich ausschließen, weil sie nicht das richtige Bekenntnis haben. Und ich kann und mag mir keinen Gott vorstellen, der alle Menschen aus Religionen und Weltanschauungen, die es neben dem Christentum gibt, im Höllenfeuer schmoren lässt. Ich kann auch nichts anfangen mit einem kleinlichen Gott, der uns als Vorstufe zum Himmel durchs Fegefeuer gehen lässt, wo wir unsere Sündenstrafen abbüßen müssen, wenn wir uns nicht durch fromme Handlungen davon freigekauft haben. Da finde ich, haben die Gottesvorstellungen Martin Luthers doch eine Befreiung gebracht.

WOLFGANG THIELMANN: Kennen Sie die Kritik aus evangelikalen Kreisen, in den Kirchen werde die Liebe Gottes überbetont und sein Gericht unterschlagen?

NIKOLAUS SCHNEIDER: Die Kritik, es werde zu wenig Gericht gepredigt, höre ich mit ganz großen Ohren. Sie weckt bei mir schnell den Verdacht, dass Menschen sich gerne dazu aufwerfen, schon jetzt der Staatsanwalt des ewigen Gerichtes sein zu wollen und schon jetzt Leute anzuklagen und mit der ewigen Verdammnis zu bedrohen.

ANNE SCHNEIDER: Und sich selbst freizusprechen.

NIKOLAUS SCHNEIDER: Ja, manche Christinnen und Christen spielen gerne schon einmal die irdische Instanz des himmlischen Gerichts, nämlich die staatsanwaltschaftliche. Oder sie maßen sich sogar an, der richtende Arm Gottes zu sein. Das finde ich unangemessen, geradezu hochmütig, fast blasphemisch, so aufzutreten. Weder die Rolle des Staatsanwalts noch die Rolle des Richters im Gericht Gottes steht uns Menschen zu.

WOLFGANG THIELMANN: Aber verlangt der Gott der Bibel nicht eine grundlegende Entscheidung von Menschen: Für ein Leben mit Gott und Jesus? Mit dem Bekenntnis: Christi Blut hat mich erlöst? Und mit ethischen Entscheidungen, die dem biblischen Wort Gottes entsprechen?

ANNE SCHNEIDER: Da antworten die Evangelien ja ein bisschen anders als Paulus. Wie gesagt, ich hänge mehr an den Evangelien. In der tollen Erzählung von den ungleichen Söhnen berichtet Jesus von einem Vater, der seine beiden Söhne um einen Gefallen bittet. Der eine sagt Ja und tut nichts, der andere sagt Nein und wird tätig. Und Jesus fragt: Wer ist denn nun gerechtfertigt? Jesus sagt: der zweite, denn er hat den Willen des Vaters erfüllt, auch wenn er ihn verbal abgelehnt hat.

Ich bin aus meiner vom Jugendbund für Entschiedenes Christentum (EC) geprägten Jesus-Tradition etwas herausgewachsen. Für mich stehen Jesus und Gott nicht auf gleicher Stufe. Oder um es ganz klar zu sagen: Für mich ist Jesus nicht Gott.

WOLFGANG THIELMANN: Was bedeutet das für Ihr Verhältnis zu Gott und zu Jesus?

ANNE SCHNEIDER: Ich würde es so ausdrücken: Ich bin gottaffiner geworden. Jesus ist für mich ein wichtiger Vermittler, der mir zeigt, wie Gott sich unter uns Menschen verdeutlichen will. Aber ich glaube nicht an den Jesus, der sich etwa im Johannesevangelium als der *einzige* Weg und die *einzige* Tür zu Gott bezeichnet, und nur wer durch diese Tür geht, kommt zu Gott. Mit diesem Alleinvertretungsanspruch Jesu habe ich ein Problem. Da wird mir der jüdische Glaube wichtiger – der liberale, nicht der orthodoxe. In Gesprächen mit jüdischen Freunden und Freundinnen wird mir klar: Ich könnte nicht leben mit einer Gerichtsvorstellung, die alle Menschen als ewig verdammt ansieht, die kein ausdrückliches Ja zu Jesus Christus als Gottes Sohn und Erlöser sagen. Das geht für mich nicht. Nicht mehr.

Jesus ist *mein* Weg, um in Beziehung mit Gott zu treten. Andere Religionen haben andere Wege zu Gott. Wenn ich Predigten höre, die den Zugang zu Gott auf Jesus beschränken, zucke ich zusammen. Das ist mir zu eng von Gott gedacht. Jesus Christus ist für mich nicht der einzige Erlöser für alle Menschen und alle Welt, um im Gericht Gottes zu bestehen.

NIKOLAUS SCHNEIDER: Wir müssen offenlassen, wie Gott dieses Gericht am Ende der Zeit vollziehen wird. Auch meinem heutigen Glauben ist der Jesus der Evangelien näher als der reflektierte Christus bei Paulus. Mir bleibt aber der Satz aus dem 2. Korintherbrief sehr wichtig: *Gott war in Christus und versöhnte die Welt mich sich selber.* Allerdings darf das „in Christus" nicht ausschließlich auf den historischen Jesus von Nazareth bezogen werden. Ich will strenger als Anne daran festhalten, dass *Christus allein* der Weg ist. Das ist die Tradition des „solus Christus" von Martin Luther, in der ich glauben gelernt habe und in der ich mein religiöses Leben verbringe. Für mich ist der Christusweg in den biblischen Texten verbindlich beschrieben. Allerdings glaube ich, dass dieser Christusweg durchaus auch in anderen religiösen Wegen vorkam und vorkommt. Er ist nicht verengt auf unsere Tradition. Ich verstehe den Christusweg weiter, kulturell und menschheitlich. Denn Gott hat die Menschheit geschaffen und nicht nur ihren christlichen Teil. Der Satz „Gott war in Christus" ragt für meine Begriffe über das christliche Verständnis hinaus.

ANNE SCHNEIDER: Dem könnte ich zustimmen. Nur würde ich nicht vom Christusweg sprechen, sondern vom Gottesweg. Gott war für mich nicht nur in Christus, sondern auch etwa in Abraham.

WOLFGANG THIELMANN: Auch in Mohammed?

ANNE SCHNEIDER: Die Frage, wie weit Gott auch in Mohammed war, stellt sich mir nicht, ebenso wenig die Frage, wie weit Gott auch in Buddha war. Da lebe ich in meiner christlichen „Heimathöhle Religion", wie Fulbert Steffensky das so schön genannt hat, sozusagen in einer relativen Absolutheit. Ich kann und will nicht allen anderen Religionen gerecht werden. Ich will mich damit auch gar nicht intensiv beschäftigen. So wie es mir und vielen anderen in glücklichen Ehebeziehungen geht: Wir würden nicht objektiv und absolut behaupten können und wollen, dass unser Ehepartner der einzige Mensch ist, mit dem wir unser Beziehungsglück erleben können. Aber ich frage nicht bei anderen Männern, ob der vielleicht auch ein geeigneter Ehepartner für mich wäre. Nikolaus ist der eine und einzige für mich, mit dem ich mein Leben bis zu meinem Sterben verbringen will. Auch das ist eine relative Absolutheit.

In die christliche Tradition bin ich hineingeboren. Auf meinem Lebensweg lernte und lerne ich Menschen kennen, die andere religiöse Heimathöhlen haben. Ich kann mir nicht vorstellen, dass Gott sich Hunderttausende von Jahren nicht darum kümmert, dass Menschen einen Zugang zu ihm finden, ehe er sich Abraham offenbart und in Jesus inkarniert. Ihm wären also etwa die Kulturen der Indianer egal, die Religionen der ägyptischen Pharaonenzeit, die Naturreligionen der afrikanischen Stämme. Gerade weil ich glaube, dass Gott der Schöpfer des Himmels und der Erde und allen Lebens ist, glaube ich auch, dass er von jeher wollte, dass Menschen Zugang finden zu seinem Wort – und dass er dafür verschiedene Wege eröffnete. Und der Weg Gottes in und durch Jesus Christus ist der Weg, auf dem ich dann zu Gott gefunden habe. Auf diesem Weg fühle ich mich aufgehoben und von Gottes Geist begleitet, auch bei der Veränderung meiner Glaubensvorstellungen.

WOLFGANG THIELMANN: Herr Schneider, Ihr Vater war Atheist. Hoffen Sie darauf, auch ihn bei Gott wieder zu treffen?

NIKOLAUS SCHNEIDER: Wie Anne meine ich: Es geht Gott nicht allein um das individuelle Seelenheil Einzelner. Gott geht es auch um Frieden und Gerechtigkeit in unseren Beziehungen und Gemeinschaften. Darum ging es auch meinem Vater. Darum glaube ich, dass er in vielem, was er dachte, sagte und tat, unbewusst den Willen Gottes getan hat.

Die Institution Kirche und kirchliche Verkündigung hatte mein Vater offensichtlich in alter marxistischer Tradition als Gegenkraft für soziale Gerechtigkeit erlebt und gesehen. Darum war's ihm auch schwer zu akzeptieren, dass ich in dieser

Institution arbeitete und predigte. Ich denke, er hätte sich mit meiner Theologie und mit meinen Gottesvorstellungen durchaus anfreunden können. Aber er wollte ganz offensichtlich angesichts seiner anstrengenden Arbeit als Hochofenmeister keine Energien darauf verwenden, theologische Fragen und die positive Bedeutung der Kirche für Frieden und Gerechtigkeit mit mir zu diskutieren. Und wir beide sahen keine existenzielle Notwendigkeit für unsere Vater-Sohn-Beziehung, einander zu missionieren und einander zum Atheismus beziehungsweise zum Christentum zu bekehren.

Als ich meinen Vater beerdigt habe – im Anzug, nicht im Talar –, habe ich das zum Ausdruck gebracht: Ich hoffe, dass Gott bei ihm nicht alleine auf das Bekenntnis seines Redens schaut, sondern auf das Zeugnis seines gesamten Lebens. Er hat in seinem Leben vieles so gemacht, dass es einer Verbundenheit mit Gott entsprechen würde. Wenn ich also das Zeugnis seines gesamten Lebens sehe und an das Gleichnis Jesu im 25. Kapitel des Matthäusevangeliums denke, dann eröffnet sich mir schon die Hoffnung, dass ich ihm auch in der Gegenwart Gottes begegnen kann.

ANNE SCHNEIDER: Gerade beim Sterben und bei der Beerdigung meines Schwiegervaters wurde uns ganz existenziell bewusst: Die theologische Vorstellung, dass Gott alle Menschen, die sich nicht explizit zu Jesus Christus bekennen, nach ihrem Tod mit ewiger Verdammnis bestraft, hilft uns nicht zu einem guten Leben und zu einer guten menschenfreundlichen Sterbebegleitung. Wir müssen Gottes Liebe und Gnade weiter und größer glauben als in den engen Begrenzungen unserer eigenen Religion oder gar Konfession!

WOLFGANG THIELMANN: Haben Judentum und Islam denn denselben Gott wie das Christentum?

Wenn wir an einen einzigen Gott als Schöpfer der Welt und des Lebens glauben, dann können wir nicht von verschiedenen Göttern in den unterschiedlichen Religionen reden.

NIKOLAUS SCHNEIDER: *„Wer ist Gott, und wenn ja, wie viele?"* – Wenn wir an einen einzigen Gott als Schöpfer der Welt und des Lebens glauben, dann können wir nicht von verschiedenen Göttern in den unterschiedlichen Religionen reden. Dann kann es für uns nur verschiedene Gottesvorstellungen und Gottesbilder des *einen* und *einzigen* Gottes geben. Die Vielheit und Vieldeutigkeit der Gottesbilder existiert ja nicht allein in der Unterschiedlichkeit der Religionen voneinander. Die Vielheit und Vieldeutigkeit von Gottesbildern entdecken wir ja schon in unserer christlichen Tradition, sogar in unserer eigenen ganz persönlichen Glaubensgeschichte und innerhalb unserer eigenen religiösen Beheimatung. Das ist ein wesentlicher Grund dafür, dass es innerhalb unserer eigenen Konfession und Kirche ganz widersprüchliche Gedanken und Äußerungen zu theologisch-ethischen Fragen gibt. Nicht zuletzt zu den Fragen nach einem in Gottes Augen „guten Leben" und „guten Sterben" und zu der theologischen Bewertung des assistierten Suizids.

Wie leben wir ein in Gottes Augen gutes Leben? In welchem Maße wir tatsächlich fähig sind, unser Leben verantwortlich zu gestalten und uns in Beziehung zu Menschen und Gott zu setzen, ist von entscheidender Bedeutung beim Reden über Leben, Sterben und selbst gewählten Tod.

II. Was ist der Mensch? Gottes verantwortliches Ebenbild oder Gottes Marionette?

WOLFGANG THIELMANN: Lassen Sie uns über die zweite Grundlage reden, von der aus Christen ethische Fragen entscheiden. Welche biblischen Menschenbilder prägen unseren Glauben und damit unsere theologisch-ethischen Entscheidungen?

NIKOLAUS SCHNEIDER: Schon vor mehr als zweieinhalbtausend Jahren fragte ein biblischer Psalmbeter Gott ganz konkret: „Was ist der Mensch, dass du seiner gedenkst, und des Menschen Kind, dass du dich seiner annimmst?" Viele und vielstimmige Texte der Bibel versuchen mit sehr unterschiedlichen Glaubenserfahrungen und Gottesvorstellungen auf diese existenzielle Menschheitsfrage zu antworten. Alle diese vielfältigen, mehrdeutigen oder gar widersprüchlichen biblischen Antworten eint dabei eine Grundüberzeugung: *Der Mensch ist ein von Gott gewolltes und geliebtes Geschöpf, er ist nicht das Zwischen- und/oder Zufallsprodukt einer herrenlosen Evolution.*

Diese biblische Grundüberzeugung ist auch für mich die Basis meines Nachdenkens über das Selbstverständnis und über die Bestimmung des Menschen.

Der Mensch ist ein von Gott gewolltes und geliebtes Geschöpf, er ist nicht das Zwischen- und/oder Zufallsprodukt einer herrenlosen Evolution.

Für mich gibt es bei der Frage nach dem Menschen eine wichtige Geschichte, die der jüdische Theologe und Philosoph Martin Buber uns überliefert hat. Diese Geschichte bringt auf den Punkt, dass wir bis heute – gerade auch für unsere aktuellen theologisch-ethischen Entscheidungen – die widersprüchlichen Antworten der Bibel für unser menschliches Selbstverständnis brauchen. Die Geschichte Bubers geht ungefähr so:

Ein Rabbi sagte zu seinen Schülern: „Jeder von euch muss zwei Taschen in seiner Jacke haben, um bei Bedarf in die eine oder in die andere greifen zu können. In der einen Tasche liegt ein Zettel, auf dem steht: ‚Das Universum ist um deinetwillen geschaffen.‘ Auf dem Zettel in der anderen Tasche steht: ‚Du bist Staub und Asche.‘"[4]

Mir will es scheinen, dass viele von uns nur einen dieser beiden Zettel bei sich tragen. Ich sehe, dass unsere Welt daran leidet,

---

4   Buber, Martin: Die Erzählungen der Chassidim. © Manesse, Zürich 1949.

dass Menschen eine der beiden Botschaften für sich verabsolutieren. Unsere Welt leidet, wenn einzelne Menschen sich nur auf sich selbst, auf die eigenen Interessen und die eigenen Machtgelüste fokussieren. Wenn sie sich selbst zum Maß aller Dinge machen – zum „Master of the Universe". Wenn Mitmenschlichkeit, Partnerschaft und solidarisches Teilen für sie nur leere Worthülsen sind.

Aber unsere Welt leidet auch, wenn Menschen ihre Bedeutungslosigkeit und ihre Ohnmacht verabsolutieren. Wenn sie kein Zutrauen haben zu sich selbst und zu anderen Menschen. Wenn sie sich stumm und tatenlos der Armut und dem Unrecht auf dieser Welt ausliefern. Die biblischen Texte und Erzählungen wollen jedem Menschen die Botschaften beider Zettel vermitteln. Mir ist ganz wichtig, dass unser Menschenbild – also das Bild von uns selbst und voneinander – von Demut und von Selbstvertrauen zugleich geprägt ist.

Von der Demut: Wir Menschen können die Differenz zwischen Gott, dem Schöpfer und Herrn des Lebens, und uns Menschen, seinen Geschöpfen, niemals von uns aus überbrücken. Wir Menschen haben mit unserer „Natur" Teil an der Vergänglichkeit alles Geschaffenen, wir sind Staub und Asche.

Aber zugleich können wir uns von dem Selbstvertrauen prägen lassen, das uns die Bibel mit der Zusage schenkt: *„Gott schuf den Menschen zu seinem Bilde, zum Bilde Gottes schuf er ihn; und schuf sie als Mann und Frau"* (1. Mose 1,27). Dieses Gottesgeschenk der „Gottebenbildlichkeit" ruft und befähigt uns Menschen zu Kreativität und Freiheit, um Verantwortung zu übernehmen für uns und für unsere Mitmenschen, für unsere Welt und für das von Gott geschaffene Universum.

ANNE SCHNEIDER: Das sehe ich genauso und gerade darum plädiere ich ja für eine menschliche Verantwortung auch im Blick auf den Zeitpunkt des eigenen Sterbens!

Wir haben im Reformationsjubiläumsjahr 2017 in Wittenberg mit dem Schriftsteller Friedrich Christian Delius diskutiert, als er sein Buch „*Warum Luther die Reformation versemmelt hat*"[5] vorstellte. Es ging darum, ob und wie die von Augustin geprägte „Erbsündenlehre" den Menschen entwürdige und ob wir Christen uns von dieser Lehre und diesem Menschenbild trennen sollten. Delius – ein Pfarrerssohn – plädierte in seiner Schrift und in der Diskussion dafür, dass unsere christliche Theologie die kirchliche Lehre von der angeborenen Sünde, der deshalb grundsätzlichen Sündhaftigkeit und der daraus folgenden grundsätzlichen Erlösungsbedürftigkeit der Menschen endlich reformiere. Mir hat das sehr eingeleuchtet. Die Vorstellung, dass jedem Menschen durch den Zeugungsakt seiner Eltern die Ursünde Adams gleichsam übertragen wird, halte ich für absurd. Und die Vorstellung, dass in den Augen Gottes der Mensch nur durch sein Bekenntnis zum Opfertod Christi – „Christi Blut für mich vergossen" – von dieser Ursünde befreit werden könne, widerspricht meines Erachtens der Botschaft der Evangelien. „Nicht die Starken bedürfen des Arztes, sondern die Kranken ... Ich bin nicht gekommen, Gerechte zu rufen, sondern Sünder", sagt Jesus nach dem Matthäusevangelium. Jesus geht also nicht davon aus, dass alle Menschen grundsätzlich Sünder sind und seine Erlösung brauchen.

Zudem macht Luthers Vorstellung, dass der Mensch keinen freien Willen habe, sondern dass er entweder vom Teufel oder von Gott „geritten werde", ein göttliches Gericht am Ende der Zeit überflüssig. Denn warum sollte Gott einen Menschen zur Verantwortung ziehen, wenn er nur wie eine Marionette an den Fäden Gottes oder an den Fäden des Teufels tanzt? Wenn ich

5   Delius, Friedrich Christian: Warum Luther die Reformation versemmelt hat: eine Streitschrift. © Rowohlt Taschenbuch Verlag, Reinbek bei Hamburg 2017.

dem Menschen – wie Luther – eine freie Entscheidung für seinen Glauben, sein Denken und sein Handeln abspreche, er aber trotzdem von Gott in einem Endgericht beurteilt werden soll, dann treibt Gott mit ihm ein sadistisches Spielchen. Dagegen ist für mich das Menschenbild der Theologin Dorothee Sölle wegweisend. Sie sagt: Es gehört zur Würde eines erwachsenen Menschen, dass er Verantwortung trägt für das, was er denkt, sagt und tut. Gott hat uns Menschen eben nicht als Marionetten erschaffen, sondern mit der Fähigkeit zur Verantwortung – und damit auch mit Einsicht und der Fähigkeit, *„Gut"* und *„Böse"* unterscheiden zu können, ebenso mit der Fähigkeit zu Schuld und Versagen.

WOLFGANG THIELMANN: Manche folgen diesem Gedanken und haben dann auch schon Listen parat, was nach Gottes Wort und Willen böse ist: Unzucht und vorehelicher Geschlechtsverkehr und wohl auch aktive Sterbehilfe.

NIKOLAUS SCHNEIDER: Auf diesen Listen steht viel, was mit Sexualität zu tun hat, aber wenig, was zum Beispiel Wirtschaftskriminalität betrifft. Manche, die sich als Christinnen und Christen bekennen, haben einen mir suspekten Hang zum Reichtum. Und heute müsste obenan auf diesen Listen Fremdenfeindlichkeit, Antisemitismus und das Schüren von Hass gegen Andersdenkende stehen. Sowie der unverantwortliche Umgang mit dem Klima und der Natur unserer Erde.

Auch hier müssen wir Menschen mit der Mehrdeutigkeit leben.

ANNE SCHNEIDER: Auch hier müssen wir Menschen mit der Mehrdeutigkeit leben, dass wir in einer konkreten Situation nicht genau sagen können: Dieses Handeln entspricht oder widerspricht Gottes Wort. Nikolaus hat es schon gesagt, am Ende werden wir vielleicht staunen, für welches Tun und für welches Lassen Gott uns Menschen zur Verantwortung zieht. Vielleicht sind es dann auch gerade die Entscheidungen, die wir gut gemeint haben, die aber Böses bewirkt haben. Ich würde nie sagen, meine Entscheidungen waren und sind für alle und für alles gut und richtig – auch wenn ich nicht an mangelndem Selbstvertrauen leide. Viele Wirkungen meines Redens und Handelns kann ich gar nicht beeinflussen. Ich merke es manchmal bei den eigenen Kindern: Wenn sie aus ihrer Kindheit und von meinen Erziehungsmaßnahmen erzählen, wie sie manche meiner Äußerungen und manche meiner Entscheidungen aufgenommen haben. Da wundere ich mich manchmal, was ich offensichtlich in guter Absicht angerichtet habe ...

WOLFGANG THIELMANN: Frau Schneider, Sie haben oben kurz angemerkt, dass Ihr biblisch orientiertes Menschenbild auch Ihre liberale theologische Haltung zu einem assistierten Suizid prägt. Nun haben Sie mehr als vier Jahre gegen Ihren aggressiven Krebs gekämpft. Sie, Herr Schneider, haben Ihrer Frau beigestanden. Hat sich Ihre Einstellung in den Jahren geändert?

ANNE SCHNEIDER: Die vergangenen vier Jahre haben mich bestätigt und bestärkt in dem, was meine liberale Einstellung zur Verantwortung des Menschen für den eigenen Todeszeitpunkt betrifft – sowohl im Blick auf meine theologische als auch auf die politische Argumentation.

Ich stand nach meiner Krebsdiagnose im Juni 2014 vor Entscheidungen, die ich zuvor allenfalls theoretisch erwogen hatte: Sollte ich mich in meinem vorgerückten Alter der massiven Behandlung durch Chemotherapie, Operation und Bestrahlung stellen, um gegen den Krebs zu kämpfen? Als mir der Arzt und eine Pharmazeutin beschrieben, welche Art von Chemotherapie sie für das kommende halbe Jahr für mich planten, waren mir die zwei Jahre mit unserer Tochter Meike wieder ganz präsent, die ich mit ihr auf Krebsstationen verbracht habe und in denen ich das Elend von Chemo-Patientinnen gesehen hatte. Viele Mitpatienten von Meike sind dann auch wie Meike während der qualvollen Zeit der Chemotherapie gestorben. Zudem hatte ich gelesen, dass Statistiken bei Brustkrebsbehandlungen keine wesentliche Lebensverlängerung versprechen, wenn man sich auf die Chemotherapie einlässt. Und ich war mir sicher: Lebensqualität bedeutet mir mehr als Lebensquantität. Als Arzt und Pharmazeutin mir die Therapie erklärten, habe ich damals spontan gedacht: Ich mute mir dieses Elend nicht zu. Und habe geantwortet: Ich weiß nicht, ob ich das will.

Mein Arzt fragte ganz erschrocken: „Wollen Sie jetzt denn sterben?" Als ich ihm dann meine Ängste erklärte, antwortete er mir: „Warten Sie mal ab. In den letzten zehn Jahren hat sich viel getan an guter Begleitmedikation. Sie werden nicht so leiden wie ihre Tochter vor zehn Jahren."

Das hat sich dann Gott sei Dank bewahrheitet. Doch es gab Tage und Zeiten während der Chemotherapie, in denen ich dachte: Wenn der Rest meines Lebens so aussieht, möchte ich es verkürzen. Ich war gar nicht mehr bereit und willens zur Kommunikation, wollte nur in mich verkrümmt auf dem Sofa liegen und in Ruhe gelassen werden. Und ich konnte es auch nicht genießen, ja, es war mir geradezu unangenehm, wenn liebevolle Menschen mich berührten und streichelten. Dabei machen doch Beziehungen, zu denen entscheidend Gespräche und Berührungen gehören, ganz wesentlich mein Lebensglück aus.

Doch für mich war es ja eine überschaubare Therapiezeit. Und während der sechs Monate der Chemotherapie machte ich zum Glück auch oft die Erfahrung: Es lohnt sich zu leben. Zudem habe ich gemerkt, wie es mir hilft, dass ich solche Zeiten nicht alleine durchstehen muss. Eine Mitpatientin, mit der ich regelmäßig Kontakt habe, lebt ihren Alltag ohne Kernfamilie. An ihr sah ich, dass es für mich leichter war, weil ich Menschen ganz alltäglich an der Seite hatte. Am wichtigsten: Nikolaus. Und dann die Kinder und Enkelkinder. Gerade die Enkelkinder halfen mir im Umgang mit problematischen Situationen wie mit meiner Glatze oder mit meiner Brustprothese. Die Enkel sind so unbefangen; das hilft, Situationen zu entdramatisieren. So bin ich mir zurzeit relativ sicher: Wenn bei einer der nächsten Kontrolluntersuchungen Metastasen festgestellt werden und ich die Chemotherapie noch einmal durchstehen muss, werde ich sie angehen.

Die Erfahrungen der vergangenen vier Jahre haben meine Zuversicht und meinen Willen gestärkt, nicht schon bei einer Diagnose an eine Selbsttötung zu denken. Also nicht wie Gunther Sachs, der sich erschoss, nur weil er vermutete, er würde an Alzheimer erkranken. Und nicht wie das Ehepaar in dem

----

Fritz Gunter Sachs war ein deutsch-schweizerischer Industriellenerbe, Bobfahrer, Fotograf, Dokumentarfilmer, Kunstsammler und Astrologe. Er pflegte einen extrovertierten Lebensstil, der ihn in den 1960er- und 1970er-Jahren besonders als Prototyp des Gentleman-Playboys bekannt machte. Am 7. Mai 2011 erschoss sich S. in seinem Haus in Gstaad in der Schweiz. In einem Abschiedsbrief, der auf seinen Wunsch hin auch veröffentlicht wurde, begründete er seinen Schritt mit der durch die Lektüre einschlägiger Publikationen gewonnenen Erkenntnis, ausweglos an Alzheimer erkrankt zu sein. „Der Verlust der geistigen Kontrolle über mein Leben wäre ein würdeloser Zustand, dem ich mich entschlossen habe, entschieden entgegenzutreten", heißt es in dem Brief. Ein entsprechender medizinischer Krankheitsbefund lag indes nicht vor. („Sachs, Gunter" in Munzinger Online/Personen – Internationales Biographisches Archiv, URL: http://www.munzinger.de/document/00000011402 [abgerufen am 23.11.2018])

Film „*Satte Farben vor Schwarz*". Da spielen Bruno Ganz und Senta Berger ein seit 50 Jahren verheiratetes Ehepaar, das sich am Ende gemeinsam selbst tötet. Er hat die Diagnose Prostatakrebs und will nach längerer Überlegung keine Behandlung. Er will aus der Lebensfülle heraus sterben und nicht noch eine Phase erleben, in der das Leben sich reduziert und man auf Begleitung angewiesen ist. Mir wurde im Durchleben meiner Krebsbehandlung und auch jetzt im Rückblick deutlich: Die anderthalb Jahre Behandlung waren eine sinnvolle Lebens-Zeit, auch wenn ich reduziert gelebt habe.

WOLFGANG THIELMANN: Und wenn sich die Zeit hinzieht?

ANNE SCHNEIDER: Ich weiß nicht, wie lange ich so ein Leben in Behandlung ertragen möchte und könnte. Ich würde es wohl auf mich zukommen lassen. Aber hätte eben gerne die Möglichkeit zu sagen: Jetzt ist genug.

Demut und Selbstvertrauen zugleich sollen den Menschen prägen.

NIKOLAUS SCHNEIDER: Auch meine zurückhaltende Einstellung im Blick auf das Recht des Menschen zur Selbsttötung und auf die gesetzliche Freigabe eines von Ärzten assistierten Suizids hat sich in den vergangenen vier Jahren bestätigt.

Mir liegt aus theologischer Überzeugung daran, dass unser Menschenbild nicht undeutlich wird: Demut und Selbstvertrauen zugleich sollen den Menschen prägen. Dieses Bild beschreibt den Menschen nach meiner Überzeugung in angemessener Weise. Und zur menschlichen Demut vor Gott, dem Schöpfer und Herrn allen Lebens, gehört für mich die grundsätzliche Einschränkung menschlicher Autonomie. Daraus leite ich ab, dass der Todeszeitpunkt des Menschen im

Machtbereich Gottes liegen soll. In diesen Machtbereich will ich nicht durch einen Suizid gewaltsam reinpfuschen. Außerdem befürchte ich schädliche Konsequenzen, wenn das Bild vom Menschen unklarer wird: etwa für das Selbstverständnis von Menschen oder für das Zusammenleben und nicht zuletzt für das Normengefüge unserer Gesellschaft.

Dabei war und ist mir bewusst, dass zu der Eindeutigkeit auf der Normebene, die ich hier vertrete, auf der Ebene des gelebten Lebens noch einmal andere Dimensionen hinzutreten können. In unseren theoretischen Urteilen und Entscheidungen können wir nicht wirklich vorwegnehmen, wie es sein wird, wenn wir eine tödliche Krankheit haben, wie wir in der Situation einer schmerzhaften und unser Leben reduzierenden Behandlung empfinden und was dann für uns lebenswert ist und was nicht. Genau diese Unmöglichkeit begründet das Risiko einer Vorfestlegung, zum Beispiel, unter welchen Umständen man nicht weiterleben will und wann welche medizinische Behandlung abgebrochen werden soll. Deshalb bin ich bei Vor-Festlegungen zurückhaltend. Ich will Schritt für Schritt, also von Fall zu Fall entscheiden, wenn ich das selber noch kann. Und für die Situation meiner Entscheidungsunfähigkeit habe ich zum Beispiel keine Patientenverfügung ausgestellt, sondern eine Vorsorgevollmacht für meine Frau und meine Töchter. Sie sollen für mich entscheiden, wenn ich es nicht mehr kann. Ich selber halte mich zurück, denn ich weiß jetzt noch nicht, was ich dann will.

Ein Mensch ist nun einmal ein Ensemble an Einstellungen und Möglichkeiten. Und unser Erleben und unser Wollen sind unbeständig.

Es gibt literarische und biografische Erfahrungsberichte, in denen Menschen in gesunden Tagen entschieden hatten, dass sie im Falle einer schweren Erkrankung ohne Aussicht auf Besserung nicht mehr weiterleben wollen. Und dann wird eindrücklich beschrieben, wie sie völlig anders empfinden als erwartet, als sie tatsächlich in die Situation kommen. Ich denke etwa an den berührenden Bericht von Inge Jens über das Leben ihres Mannes mit der Demenz. Menschen können in unerwarteter Weise an einem Leben mit schweren Einschränkungen hängen.

Im Blick auf das Leben-Wollen und das Sterben-Wollen von Menschen möchte ich in diesem Zusammenhang auch auf Erfahrungen aus meiner Sterbebegleitung in meiner Zeit als Gemeindepfarrer hinweisen. Wenn sich das Sterben länger hinzog, sagten mir manche Menschen: „Herr Pastor, ich möchte sterben, ich kann nicht mehr, ich will auch nicht mehr, ich bin irgendwie übrig geblieben." Zwei Tage später waren sie voller Lebensfreude und genossen das Leben und erzählten von Plänen für die nächste Zeit. Ein Mensch ist nun einmal ein Ensemble an Einstellungen und Möglichkeiten. Und unser Erleben und unser Wollen sind unbeständig.

Das bestärkt mich in meiner Grundposition: Seien wir vorsichtig mit Festlegungen, wann und wie lange das Leben lebenswert ist. Für uns selbst, aber vor allem für andere. Ich möchte dazu ermutigen: Lasst uns mit Vertrauen und Zuversicht auch in schwierige Krankheits- und Altersphasen hineingehen. Vielleicht erschließen sich uns ganz neue Sinnerfahrungen für unser Leben.

ANNE SCHNEIDER: Diese Ermutigung finde ich richtig und wichtig. Aber gerade deshalb plädiere ich für die gesetzliche Freiheit im Blick auf einen assistierten Suizid. Es kann nämlich im konkreten Erleben das eine wie das andere passieren. Es mag Menschen geben, die ganz unerwartet auch in einem von Krankheiten, Altersbeschwerden und schmerzhaften medizinischen Behandlungen reduzierten Leben Lebenssinn und Lebensfreude empfinden. Aber es mag auch Menschen geben, die – wie Nikolaus – jetzt die Überzeugung haben, sie würden und wollen auf Gottes Entscheidung im Blick auf ihren Todeszeitpunkt warten. Und die dann, in einer unheilbaren Krankheit, in der auch ihre Schmerzen nicht ausreichend gelindert werden können, nach Suizid-Assistenz verlangen. Dann finde ich es für unsere liberale Demokratie eigentlich unzumutbar, wenn der Gesetzgeber Wege zur assistierten Selbsttötung versperrt. Oder wenn die Ärzte, die helfen wollen, Angst haben müssen, ihre Zulassung zu verlieren.

NIKOLAUS SCHNEIDER: Ich möchte die Frage nach einer angemessenen gesetzlichen Regelung zum assistierten Suizid noch zurückstellen. Mir geht es hier erst mal noch um das Selbstbild, das ein Mensch von sich und seiner Menschenwürde hat. Mich befremdet es, wenn Menschen vollmundig erklären: „Wenn ich nicht mehr die volle Autonomie über mein Leben habe, dann hat mein Leben keinen Wert und keine Würde mehr. Ich will der Herr bzw. die Herrin sein und bleiben über meine Entscheidungen und über meine Lebensumstände. Ich ziehe einen selbstbestimmten Tod dem unwürdigen Leben in Abhängigkeit und Pflegebedürftigkeit vor. Und ich erwarte, dass der Staat mir dabei durch gesetzliche Regelungen hilft. Und dass Ärzte mich bei meinem Suizid unterstützen.“

In Gott ist die Würde eines Menschen gegründet und bewahrt.

Ich halte dagegen: Gott ist der Schöpfer des Lebens und der einzig absolute Herr über Leben und Tod. In Gott ist die Würde eines Menschen gegründet und bewahrt, unabhängig von den körperlichen und geistigen Fähigkeiten eines Menschen. Herrschaft, Autonomie und Würde des Menschen sind für mich in Beziehung zu Gott und zu Mitmenschen zu denken und zu leben. Das gilt im Besonderen für die Herrschaft und Autonomie des Menschen im Blick auf die Gestaltung seiner Sterbephase. Nach biblischem Verständnis hat Gott dem Menschen Gott-Ebenbildlichkeit zugesprochen. Damit unterscheidet Gott den Menschen von allen anderen Lebewesen. Nur der Mensch kann auf Gottes Wort in und mit seinem Glauben und seinen religiösen Vorstellungen antworten. Nur der Mensch kann überhaupt die Frage nach der Verantwortbarkeit und der Legitimität einer Selbsttötung stellen. Und nur der Mensch hat die Fähigkeit und Möglichkeiten, sein eigenes Leben bewusst und geplant zu beenden. Trotz dieser theoretischen und praktischen Möglichkeiten des Menschen aber bleibt die theologisch-anthropologische Aussage für mich unverzichtbar: Gott hat das letzte Wort über das menschliche Leben und Sterben.

Sein Leben, Sterben und sein Tod gehören dem Menschen nicht. Sie gehören Gott und sind in Gottes Machtbereich auch gegen manchen Augenschein letztendlich gut aufgehoben. Diese grundsätzliche Einschränkung der menschlichen Autonomie stellt für mich meine Menschenwürde und unsere menschliche Gott-Ebenbildlichkeit nicht infrage, sie begründen vielmehr die Unverfügbarkeit menschlicher Würde.

WOLFGANG THIELMANN: Mit dieser Einsicht stehen Sie in Einklang mit den für die evangelische Kirche maßgeblichen Theologen Dietrich Bonhoeffer und Karl Barth. Hatten die sich im Blick auf die theologisch-ethische Frage zur Selbsttötung nicht ähnlich geäußert?

NIKOLAUS SCHNEIDER: Ja, das stimmt. „Gott, der Schöpfer und Herr des Lebens, nimmt das Recht des Lebens selbst wahr. Der Mensch braucht nicht Hand an sich zu legen, um sein Leben zu rechtfertigen. Weil er es nicht braucht, darum darf er es auch nicht". So argumentierte Dietrich Bonhoeffer in seiner Ethik.[6]

Und auch Karl Barth verwirft im Grundsatz die Selbsttötung, da uns Gott ja in Christus als gnädiger Gott begegnet und kein Grund zur Selbstrechtfertigung und absoluter Verzweiflung besteht. Allerdings sieht und erkennt Barth – wie übrigens auch Bonhoeffer – die Möglichkeit von „Grenzfällen" an und fragt: „Wer will es nun für ganz und gar unmöglich erklären, dass der gnädige Gott selbst einem Menschen in der Anfechtung damit beisteht, dass er ihn diesen Ausweg wählen lässt? ... Muss man nicht damit rechnen, dass die Tat eines Selbsttöters kein Frevel und also nicht Mord, dass sie im Glauben und also im Frieden mit Gott getan sein könnte?"[7]

Der Suizid eines Menschen ist für mich Ausdruck einer Not- und Grenzsituation.

Bonhoeffer und Barth verbindet, dass es ihnen einerseits um die Klarheit der Norm geht: Dem Menschen steht es nicht zu, sein Leben selbst zu beenden. Aber andererseits gilt: Außenstehende können nicht ermessen oder gar urteilen, ob bei einem Suizidenten eine Ausnahme von der Norm berechtigt ist.

Bonhoeffer und Barth ging es mit ihren Ausführungen – so wie heute auch mir – um die Klarheit einer theologischen und anthropologischen Norm: Nach Gottes Wort und Willen steht es dem Menschen nicht zu, sein Leben selbst zu beenden. Aber andererseits galt für Bonhoeffer und Barth wie auch für mich:

---

6 Bonhoeffer, Dietrich: Ethik. Werkausgabe, Band 6. Herausgegeben von Ilse Tödt, Heinz Eduard Tödt, Ernst Feil, Clifford Green. © Kaiser, Gütersloh 1998. S. 195.
7 Barth, Karl: Kirchliche Dogmatik III, 4. © Evangelischer Verlag, Zollikon-Zürich 1950. S. 468.

Außenstehende können nicht ermessen oder gar urteilen, ob bei einem Suizidenten auch in Gottes Augen eine Ausnahme von der Norm berechtigt ist.

Ich denke da etwa an den Freitod von Jochen Klepper, seiner jüdischen Frau und seiner jüdischen Tochter, die die gemeinsame Selbsttötung einer Deportation in ein Konzentrationslager vorzogen. Sein damaliges Handeln kann und will ich theologisch und ethisch nicht verurteilen. Ich will und kann aber ebenso wenig den Freitod eines Menschen als Ausdruck menschlicher Freiheit und menschlicher Würde verstehen. Der Suizid eines Menschen ist für mich Ausdruck einer Not- und Grenzsituation, die ich keinem Menschen wünsche. Gott sei Dank sprechen Theologie und Kirchen im Blick auf die Selbsttötung von Menschen heute nicht mehr von einer „Todsünde". Und den Suizidenten wird die christliche Beerdigung auf christlichen Friedhöfen nicht mehr verweigert.

ANNE SCHNEIDER: Ich muss gestehen, dass mir bei aller Wertschätzung von Bonhoeffer und Barth deren Argumentation im Blick auf die Selbsttötung nicht einleuchtet. Es geht mir doch bei meinem Plädoyer für eine liberalere Einstellung und Gesetzgebung nicht um die *Selbstrechtfertigung* des Menschen. Und die Logik des Bonhoeffer-Satzes „Weil er es nicht braucht, darum darf er es auch nicht" erschließt sich mir nicht. Ich kann mir keine theologisch-anthropologischen Argumente zu eigen machen, die darauf hinauslaufen, dass Menschen sich – anders als im *normalen* Leben – dann bezüglich ihrer Sterbephase und ihres Todeszeitpunktes als willenlose Marionetten Gottes verstehen sollen. In dieser Hinsicht gibt es auch ein Gedicht von Kurt Marti, das mich etwas irritiert:[8]

---

8   Marti, Kurt: Geduld und Revolte: Die Gedichte am Rand. © Radius-Verlag, Stuttgart 1984.

ich sterbe nicht
ich werde gestorben
auch du stirbst nicht
du wirst gestorben
das tatwort
sterben
belügt uns
wir tun es nicht
nur einer tats

Für mich verdichtet Kurt Marti hier eine erschreckende und schreckliche Vorstellung: *„Wir werden gestorben"* – hilflos ausgeliefert an andere Menschen und an gefühllose Maschinen. Ohne eigene Kontroll- und Entscheidungsmöglichkeiten. Nur hoffen, klagen und beten, dass ein sich erbarmender Gott unser Siechtum beendet.

Viele Menschen kriegen diese Vorstellung nicht überein mit der ihnen in der Bibel zugesprochenen Gott-Ebenbildlichkeit. Das gilt auch für mich. Ich möchte nicht „gestorben werden". So wenig wie ich jetzt „gelebt werden" möchte.

Ich verstehe menschliche Gott-Ebenbildlichkeit als einen Ruf zu aktivem Entscheiden und Handeln – gerade auch im Blick auf die Gestaltung und auch auf eine mögliche Verkürzung meines Sterbeprozesses.

NIKOLAUS SCHNEIDER: Gott hat und behält das letzte Wort über die Würde eines Menschen und über sein Leben und Sterben. Diese theologische Einsicht ist es, die mich in dem Gedicht Kurt Martis *positiv* anspricht. Ohne dass sie mich erschreckt.

Zugleich gilt für mich aber: Wenn jemand ernsthaft und begründet nicht mehr leben will, dann will ich das respektieren. Einem leidenden Menschen will ich sein Selbstbestimmungsrecht nicht mit theologischen Argumenten einschränken. „Es kann

„Es kann gute Gründe geben, aus dem Leben zu gehen, und schlechte, am Leben zu bleiben."

gute Gründe geben, aus dem Leben zu gehen, und schlechte, am Leben zu bleiben." Mit diesem Gedanken öffnete schon Dietrich Bonhoeffer eine Reflexionsmöglichkeit, wie Christenmenschen mit den Extremsituationen von Selbsttötung und Beihilfe zur Selbsttötung umgehen können. Für mich bleibt es allerdings unverzichtbar, hier in den Kategorien von „Extremsituation" und „Grenzfall" zu denken und zu reden. Denn: Wenn Selbsttötung und Hilfe zur Selbsttötung zur Normalität werden, dann öffnen wir Türen dazu, das Leben unter bestimmtem Umstanden auch im Blick auf andere Menschen als nicht mehr lebenswert zu qualifizieren. Menschen könnten dann sich selbst und auch anderen Lebenssinn und Lebenswürde absprechen. Etwa wenn sie unheilbar krank sind, wenn ihnen Demenz droht, wenn sie sehr alt, einsam und hilflos sind.

ANNE SCHNEIDER: Da bin ich ganz bei Nikolaus: Wir können und dürfen die Frage nach Lebenswert, Lebenswürde und Lebenssinn für *andere* Menschen nicht kategorisch verneinen und damit etwa die Tötung anderer Menschen aus finanziellen und gesellschaftspolitischen Gründen legitimieren. Für mich selbst aber kann ich mir durchaus Alterseinsamkeit als Grund eines Sterbewunsches vorstellen. Ich hatte in meiner schwereren Krankheitsphase Nikolaus an meiner Seite, und gerade diese Zweisamkeit machte mir damals mein Leben lebenswert. Wenn ich in zehn Jahren Witwe sein sollte und stände dann 80-jährig wieder vor der Frage nach einer möglichen Lebensverlängerung durch eine massive Chemotherapie, dann würde ich mich vielleicht gegen die Behandlung entscheiden. Das ist, denke ich, auch ein Preis des heute den Menschen möglichen hohen Alters: Viele Alte sind ihres Lebens überdrüssig, weil sie mit ihren Beschwernissen und Autonomieverlusten allein zurückgeblieben sind. Wenn man seine letzte Lebensphase im Mehrbettzimmer in einem Altersheim verbringen muss, das unter dem Pflegenotstand leidet, dann habe ich durchaus Verständnis für die Frage: Warum muss das jetzt noch sein mit meinem Weiterleben? Es stellt meine Menschenwürde dann eben auch nicht mehr nur theoretisch infrage, sondern sehr praktisch, wenn ich stundenlang in meiner schmutzigen Windel liegen muss, ehe jemand kommt und mich sauber machen kann. Das Thema „gutes Leben und gutes Sterben" stellt auch die Frage nach unserem Menschenbild im Blick auf den Lebenssinn und die Menschenwürde im hohen Alter.

Die Theologin Dorothee Sölle schrieb schon vor mehr als zwanzig Jahren:

„Ich kann mir sogar als Extremfall den Freitod vorstellen, halte es für denkbar, so weit zu gehen; das stört sich nicht mit meiner religiösen Überzeugung. Die technologische Lebensverlängerung, unter deren Diktat wir leben, geht gegen den Willen des Lebens selbst, gegen die Schöpfung. Es ist krankhaft und künstlich, sich an das Leben zu klammern oder ungefragt an es geklammert zu werden; man nimmt dann das Leben wie einen Besitz, nicht wie eine Leihgabe auf Zeit. [...] Es gibt bei den kanadischen Indianern einen schönen Ausspruch: ‚Ich höre die Eule meinen Namen rufen.' Er bedeutet: Wenn du die Eule hörst, gehst du aus dem Dorf weg und allein in eine Hütte in der Wildnis. Dort stirbst du, das heißt, du verzichtest auf Pflege und Nahrung."[9]

„Den Ruf der Eule hören", also zu spüren und zu erkennen: „Jetzt ist die Zeit, mein mir von Gott geschenktes irdisches

---

9   Sölle, Dorothee: Leichter werden. In: Dies.: Gegenwind. © Hoffmann und Campe Verlag, Hamburg 1995. S. 301 ff.

Leben dankbar an Gott zurückzugeben", möchte ich theologisch-ethisch nicht nur als „Grenzfall in Anfechtung" verstanden wissen.

WOLFGANG THIELMANN: Wie selbstbestimmt leben wir? Im Film „Satte Farben vor Schwarz" entscheidet der Hauptdarsteller, dass er sterben will. Aber seine Frau ist zuerst nicht einverstanden, weil sie sich nicht beteiligt fühlt. Sie beide haben gesagt, dass menschliches Leben sich für Sie in Beziehungen definiert und erfüllt. Kann man dann eine Entscheidung über sein Leben allein treffen?

NIKOLAUS SCHNEIDER: Nein, das kann man nicht! Und ganz grundsätzlich gilt: Menschen werden viel mehr gelebt, als dass sie selbstbestimmt und frei leben. Viele Menschen machen sich Illusionen darüber, wie viel sie in ihrem Leben wirklich autonom beeinflussen und entscheiden können. Und die beziehungslose Entscheidung eines Menschen zur Selbsttötung widerspricht meinen Vorstellungen von einem „guten Leben" und „guten Sterben" ganz radikal.

ANNE SCHNEIDER: Auch mich hat etwa der Fall von Gunter Sachs in dieser Hinsicht erschreckt. Er hat sich in einsamer Entscheidung das Leben genommen, weil er befürchtete, dement zu werden. Die Leute, sagte er, sollten ihn so in Erinnerung behalten, wie er bislang gelebt habe. Offensichtlich gehörte für ihn zu einem guten Selbstbild, über die körperlichen und geistigen Fähigkeiten zu einem selbstbestimmten Leben verfügen zu können.

NIKOLAUS SCHNEIDER: Das ist für mich ein erschreckendes Selbstbild. Wenn meine Schwächen und meine Verletzlichkeit nicht mehr zu mir gehören dürfen, sondern nur ein Bild als

Playboy, als Kunstmäzen oder als Fotograf bleiben soll, dann reduziere ich mich selber auf eine Oberfläche. Was ist mit meinen anderen Seiten? Mit meinen Schwächen, Sehnsüchten, Selbstzweifeln? Ich denke, dass es diese Seiten auch bei Gunter Sachs gegeben haben muss. Und ich frage mich, ob er zu diesen Seiten selber gar keinen Zugang gefunden hat.

ANNE SCHNEIDER: Auch das Selbstbild des Hauptdarstellers in dem Film „Satte Farben vor Schwarz" erschreckt mich. Der Hauptdarsteller ist an Prostatakrebs erkrankt und entscheidet, mit dieser Krankheit nicht weiter leben zu wollen. Auch Erfolg versprechende medizinische Behandlungen sind für ihn keine Option. Denn: Seine männliche Sexualität gehört für ihn zu den „satten Farben des Lebens", also zu seinem Lebensglück. Und zur Behandlung von Prostatakrebs gehören häufig weibliche Hormone. Männliche Sexualität wäre dann nicht mehr so wie vorher möglich. Die Hauptfigur kommt zu der Erkenntnis, dass das Leben mit der Krebsbehandlung für ihn nicht mehr lebenswert ist – trotz seiner offensichtlich glücklichen Beziehungen zu seiner Ehefrau, seiner Tochter und Enkeltochter. Ich fand seine Entscheidung in dieser Situation verfrüht und für mich nicht nachvollziehbar. Ich gestehe allen Menschen das individuelle Recht zu, mit ihrem Menschenbild Kriterien für ein gutes Leben und Sterben zu entwickeln. Aber ich finde es schon schade, wenn die Kriterien und Maßstäbe dann lauten: Ich muss männlich und stark sein; meine sexuelle Lust und meine sexuellen Funktionen müssen auch im Alter so bleiben wie in der Blütezeit meines Lebens. Es ist traurig, wenn Menschen nicht erst einmal offen sind für neue und andere Glücks- und Sinnerfahrungen in den schwierigen Lebenssituationen nach einer Demenz- oder Krebsdiagnose.

WOLFGANG THIELMANN: Herr Schneider, Sie haben einmal gesagt: Man kann vor dem Sterben nicht weglaufen. Was bedeutet das? Ist Udo Reiter, der sich nach über 20 Jahren Querschnittslähmung erschossen hat, vor dem Sterben weggelaufen?

NIKOLAUS SCHNEIDER: Vor einer bestimmten Form des Sterbens schon! Ich wünsche mir für mein Sterben, dass ich und die Menschen, mit denen ich zusammenlebe, eine Chance haben, meine letzte Lebensphase bewusst gemeinsam zu gestalten. Meine Erfahrung mit und bei dem Sterben anderer war: Sterbezeiten haben zwar auch ihren beschwerlichen Alltag, aber sie haben besondere Glücksmöglichkeiten. Für mich ist es ein tiefer Wunsch, den Abschied vom Leben und voneinander so zu gestalten, dass er nicht abrupt eintritt und nicht als massive psychische Verletzung empfunden wird. Das kann nicht immer gelingen, denn nicht alle Umstände unseres Sterbens liegen in unserer Hand. Wenn man aber vor dem bewussten

---

Udo Reiter war ein deutscher Rundfunkjournalist, Intendant des Mitteldeutschen Rundfunks (MDR) und ARD-Vorsitzender. Reiter, der eigentlich Pilot werden wollte, wurde durch einen schweren Autounfall bei München im Dezember 1966 in den Rollstuhl gezwungen.
Seither setzte sich der querschnittsgelähmte Reiter immer wieder für ein Recht auf selbstbestimmtes Sterben ein und engagierte sich öffentlich für aktive Sterbehilfe. Am 9. Oktober 2014 schied er im Alter von 70 Jahren aus dem Leben, er hatte sich erschossen. Ärztliche Hilfe, wie er sie sich für seinen Tod gewünscht hatte („Möchte bei mir zu Hause, wo ich gelebt habe und glücklich war, einen Cocktail einnehmen, der gut schmeckt und mich dann sanft einschlafen lässt"), war ihm verwehrt geblieben.
(„Reiter, Udo" in Munzinger Online/Personen – Internationales Biographisches Archiv, URL: http://www.munzinger.de/document/00000017767 [abgerufen am 23.11.2018])

Zugehen auf den Tod wegläuft, das Sterben gar nicht wahrnehmen und ansprechen will und Möglichkeiten körperlicher und seelischer Nähe im Sterbeprozess ausblendet, dann beraubt man sich ganz wichtiger existenzieller Lebenserfahrungen, für sich selber, aber vor allem für die Menschen, zu denen wir gehören.

ANNE SCHNEIDER: Das sehe ich auch so. Aber ich habe gelesen, dass gerade auch Menschen, die die Selbsttötung wählen, zuvor einen beziehungsintensiven Abschied gestalten. Einer der Gründe, ihr Leben selbstbestimmt zu beenden, liegt vielleicht sogar darin, dass sie ihren Abschied mit ihnen wichtigen Menschen bewusst gestalten wollen.

Unsere Tochter Meike, die im künstlichen Koma gestorben ist, hatte sich sehr gewünscht, ihre Sterbestunde bewusst zu erleben. Sie hatte daran gelitten, dass Mitpatienten im Koma gestorben waren, und hatte dieses Sterben als „Wegschleichen" empfunden. Meike hatte mir deshalb das Versprechen abgenommen, dass wir sie noch einmal ins Bewusstsein holen lassen, wenn die Ärzte sie aus medizinischen Gründen ins Koma legen, dann aber nach einigen Tagen die medizinischen Behandlungen einstellen. Als dieser Fall dann tatsächlich eintrat, haben die Ärzte uns gesagt, es gäbe keine sinnvolle Möglichkeit, Meikes Wunsch zu erfüllen. Denn ihre Lunge hätte sich zersetzt und sie würde bei Bewusstsein vor Schmerzen schreien. Meike blieb also verwehrt, was sie sich an aktiver Gestaltung ihrer Sterbezeit vorgestellt und gewünscht hatte.

Ich finde, man kann nicht grundsätzlich sagen: Menschen, die sich für den Freitod entscheiden, laufen vor dem Sterben weg. Gerade ihnen geht es häufig auch um ein Feiern des Abschieds und um eine bewusste Gestaltung dieses Abschieds im Familien- oder Freundeskreis. Auch ich würde meine Entscheidung zu einem Suizid nicht „beziehungslos" fällen: Ich würde sie mit mir und Gott abmachen, aber auch mit Nikolaus und den Töchtern, Schwiegersöhnen und Enkeln. Die Menschen, die mir wichtig sind und die ich in meiner Sterbephase dabeihaben möchte, sollten meinen Entschluss möglichst nachvollziehen und mittragen können.

WOLFGANG THIELMANN: Und wenn die Familie Sie bittet: Stirb jetzt nicht?

ANNE SCHNEIDER: Ich weiß nicht, wie ich dann entscheiden würde.

WOLFGANG THIELMANN: Mir fällt dabei auf, dass wir nach unserem modernen Menschenbild heute unausgesetzt entscheiden und gestalten müssen, selbst noch am Ende des Lebens. Wir können uns kaum noch in Traditionen einbetten, die uns manche Entscheidung abnehmen. Spricht das nicht dafür, dass wir gesellschaftliche Konventionen aufrechterhalten oder neu etablieren? Sie könnten uns entlasten.

Traditionen und Konventionen haben die Funktion, dass uns die Überforderung der permanenten Entscheidung ein Stück weit abgenommen wird.

NIKOLAUS SCHNEIDER: Traditionen und Konventionen haben die Funktion, dass uns die Überforderung der permanenten Entscheidung ein Stück weit abgenommen wird. Ich muss mich nicht ständig fragen, wie ich mich jetzt verhalten will und angemessen verhalten kann, sondern wir üben ein, was ein gesittetes Verhalten in unserer Gesellschaft bedeutet. Wir wären überfordert, wenn wir ständig über den nächsten Schritt unseres Verhaltens, unseres Lebens entscheiden müssten. Das gilt besonders für Krisensituationen. Und das Zugehen auf den eigenen Tod oder die Begleitung von geliebten Menschen, die auf ihren Tod zugehen, das sind schon ganz besondere Krisensituationen, die uns Menschen ganz besonders herausfordern. Konventionen können Menschen aber auch erdrücken. Man braucht immer beide Bewegungen: Das Aufbrechen von Konventionen und das Einüben von Konventionen. Das ist ein dynamischer und auch dialektischer Prozess. Dass sich die jüngere Generation beim Aufbrechen von Traditionen und Konventionen mehr Möglichkeiten nimmt als wir früher, ist für sie sowohl eine Chance als auch eine Belastung.

ANNE SCHNEIDER: Das Aufbrechen von Traditionen hat auch zur Folge, dass Frauen eben nicht mehr automatisch für die familiäre Pflege von Kranken, Alten und Sterbenden zuständig sind. Auf einer rheinischen Kreissynode über feministische Theologie hat jemand formuliert: Der Preis, den wir für die Emanzipation der Frau und für das Aufbrechen ihrer Rollenfixierungen bezahlen, besteht in der ungelösten gesellschaftlichen Frage: Wer pflegt die Alten und Sterbenden? Leute mit Geld haben einen Vorteil: Sie können Pflegepersonal rund um die Uhr ins Haus holen. Das Problem, dass alten Menschen bei geringer Rente und ohne eigene Vermögenswerte eine lebenswerte Pflege- und Sterbensphase oft nicht längerfristig ermöglicht werden kann, führt zu der Frage: Sollte es auch eine ethische Akzeptanz der Bilanzselbsttötung geben und die Möglichkeit einer legalen Assistenz dazu? In der Schweiz wird das gerade diskutiert.

WOLFGANG THIELMANN: Würden Sie die Möglichkeit richtig finden?

ANNE SCHNEIDER: Ich bin zumindest nicht von vornherein dagegen. Wer alt und lebenssatt ist, warum sollte der nicht sterben dürfen? Man ringt in der Schweiz um den Rahmen. Eine Bilanzselbsttötung ist meines Erachtens keine sinnvolle Möglichkeit, wenn ich 25 bin und mein Freund mich im Stich lässt. Man muss für gesetzliche Regelungen die konkreten Lebenssituationen bedenken und gewichten, so wie es gegenwärtig die Sterbehilfevereine „Exit" und „Dignitas" tun, indem sie eine unheilbare Krankheit zur Bedingung für ihre Hilfe machen. In der Schweiz wird nach meiner Wahrnehmung durchaus verantwortlich darüber diskutiert, diese Bedingung aufzuweichen. Auch Pfarrer arbeiten mit an Lösungen.

WOLFGANG THIELMANN: Die meisten, die darüber nachgedacht haben, sind der Meinung, dass es einen reinen Bilanzsuizid gar nicht gibt, sondern dass er immer von anderen Einstellungen überlagert ist.

NIKOLAUS SCHNEIDER: Für mich bleibt ein Bilanzsuizid problematisch. Wenn Menschen nicht mehr leben wollen, kann man sie zwar nicht zum Leben zwingen. Zwang zum Leben ist ebenfalls problematisch! Aber der Bilanzsuizid geht auf etwas sehr Archaisches zurück, nämlich das Gefühl, dass meine Lebensbilanz ins Negative kippt, wenn ich nichts Produktives mehr in meiner Gesellschaft beitragen kann und ich dadurch zur Belastung für die Gemeinschaft und für die Menschen werde, zu denen ich gehöre. Es hat Zeiten gegeben, wo eine Gemeinschaft diese Last nicht tragen konnte oder nur unter so großen Mühen, dass durch die Hilfebedürftigen das Überleben der gesamten Gemeinschaft infrage gestellt war. Das mag auch bei den „kanadischen Indianern" in Dorothee Sölles positivem Beispiel für einen selbst gewählten Freitod im Alter so gewesen sein. Dieses Eingebunden-Sein in eine mein individuelles Leben übergreifende Generationenverantwortung ist für mich etwas völlig anderes als mein eigener subjektiver Wunsch, mein

Leben jetzt zu beenden. Von daher bin ich sehr zurückhaltend, solche Modelle zu übertragen auf unsere Kultur, in der individuelle Lebenserfüllung und das subjektive Empfinden einen viel größeren Stellenwert haben.

WOLFGANG THIELMANN: Wie erhält man in der Gesellschaft ein lebensbejahendes Klima, das dem Gedanken entgegentritt, jemand sei überflüssig, weil er die ökonomische Bilanz belastet? Der frühere Sozialminister Norbert Blüm hat das Problem einmal mit dem Satz karikiert: Alle Probleme der Krankenversicherung wären gelöst, wenn wir den Menschen das letzte Lebensjahr streichen.

NIKOLAUS SCHNEIDER: Das ist genau der Punkt. Wir müssen uns davor hüten, alten und auf Hilfe angewiesenen Menschen das Gefühl zu geben, dass es ihre moralische Pflicht sei, im Interesse ihrer Angehörigen und im Interesse unserer Gesellschaft jetzt den Freitod zu wählen.

ANNE SCHNEIDER: Um dieser Gefahr zu wehren, ist wohl das vierte Gebot entstanden: *„Du sollst Vater und Mutter ehren, auf dass du lange lebest auf Erden."* Aber ich glaube, darum geht es nicht bei dieser Frage in der Schweiz. Es geht darum, zu akzeptieren: Es gibt so etwas wie eine innere Gewissheit bei Menschen, dass es Zeit ist zu sterben. Wenn Menschen diese Gewissheit haben, sollten wir ihnen nicht theologische oder gesetzliche Steine in den Weg legen.

WOLFGANG THIELMANN: Herr Schneider, Sie sagten, dass Sie Ihr Schicksal in die Hände Ihrer Töchter gelegt haben, wenn Sie selber nicht mehr darüber bestimmen können. Ist Ihnen das schwergefallen?

NIKOLAUS SCHNEIDER: Nein. Denn ich habe Vertrauen zu meinen Töchtern. Ich habe häufiger die Erfahrung gemacht, dass Menschen ohne ein tiefes gegenseitiges Vertrauen zu anderen Menschen in ihrem Freundes- und Familienkreis gar keine Chance haben, „gut" zu leben und „gut" zu sterben. Vertrauen ist eine notwendige Grundlage des gelingenden menschlichen Zusammenlebens. Auch wenn es häufig enttäuscht wird. Es fängt ja schon mit banalen Kleinigkeiten an: Im Straßenverkehr vertraue ich darauf, dass die anderen sich zumindest an die wichtigsten Regeln halten, sonst müsste ich ständig um mein Leben fürchten.

WOLFGANG THIELMANN: Aber diese Gefahren teilen Sie mit vielen. Beim Sterben legen Sie Ihr Selbstbestimmungsrecht in die Hände Ihrer Töchter.

NIKOLAUS SCHNEIDER: Ja, in einer Situation, in der ich mich nicht mehr äußern und keine autonomen Entscheidungen mehr treffen kann, muss ich ja zwangsläufig darauf verzichten, meinen Willen unmittelbar selbst durchzusetzen. In einer solchen Situation kann ich meine Sterbebedingungen und die Gestaltung meiner Sterbephase selber nicht mehr sinnvoll entscheiden. Also beschließe ich im Vorhinein und im Vollbesitz meiner geistigen Kräfte, spätere Entscheidungen in die Hände von Menschen zu legen, die mir liebevoll verbunden sind. Diesen Verzicht auf Selbstbestimmung übe ich in dem Vertrauen, dass die von mir Bevollmächtigten in meinem Interesse und zu meinem Wohl handeln werden.

ANNE SCHNEIDER: Wichtig ist für mich dabei auch, ob die von mir Bevollmächtigten sich empathisch in mich hineinversetzen können. Als wir mit unseren Töchtern sprachen, kamen wir auch an den Punkt, dass meine Geduld und die Geduld von

Nikolaus sowie unser beider Fähigkeit, Schmerzen zu ertragen, sehr unterschiedlich sind. Beim Zahnarzt lasse ich mir schon vorweg eine Spritze geben. Ich würde immer Vollnarkose vorziehen vor örtlicher Betäubung. Bei Nikolaus ist das genau anders. Die Töchter wissen das und sie wissen auch, dass Nikolaus und ich unterschiedlich über eine mögliche Verkürzung unserer Sterbensphase denken.

WOLFGANG THIELMANN: Haben Sie Ihren Mann und Ihre Töchter auch gebeten, Ihr Leben beenden zu lassen, wenn Sie unerträgliche Schmerzen haben, aber nicht mehr selbst entscheiden können?

ANNE SCHNEIDER: Also ich vertraue schon darauf, dass sie dafür sorgen werden, dass ich keine unerträglichen Schmerzen erleiden muss. Mit Sedierung und künstlichem Koma ist das medizinisch möglich und ethisch weder für Nikolaus noch für meine Töchter ein Problem. Schwieriger wäre die Frage: Was, wenn ich einen Autounfall gehabt hätte, und ich liege da im Wachkoma? Soll jetzt Nikolaus oder sollen die Töchter dann mein Sterben beschleunigen, indem sie die Geräte abschalten lassen? Wer das für einen anderen Menschen entscheidet, fragt sich ja: Mache ich das jetzt für den Leidenden oder weil es mir zu viel wird, ihn zu betreuen und zu begleiten? Diese Entscheidung wünsche ich meinen Töchtern und Nikolaus nicht. Aber ich gehe davon aus, dass sie in meinem Interesse den Ärzten sagen: Anne hätte lieber zu viel als zu wenig Betäubungsmittel und lieber ein zu tiefes als ein zu flaches Koma. Wenn dann mein Hirntod eingetreten ist, hoffe ich, dass sie keine Probleme mit ihren Gottes- und Menschenbildern haben, die künstliche Ernährung einzustellen und die Geräte abzuschalten.

Welche Rolle spielen Zeit und Endlichkeit für jemanden, der sich in der Ewigkeit zu Hause fühlt? Welche Bedeutung hat der Tod für uns? Wie begegnen wir dem Ende des Lebens?

III. Was ist uns der Tod? Lehrmeister oder Feind des Lebens?

WOLFGANG THIELMANN: Ist der Tod das Ende des Lebens?

ANNE SCHNEIDER: Diese Frage ist ein wichtiger Aspekt in unserer Kontroverse über die theologische Verantwortbarkeit eines Suizids: Nikolaus argumentiert theologisch gegen den Suizid, indem er zu bedenken gibt: „Gott ist ein Gott des Lebens" und „Gott will, dass Menschen leben".

Ich stimme diesen Gottesvorstellungen durchaus zu. Ich könnte sie aber nur dann als theologisches Argument gegen eine Verkürzung des eigenen Lebens verstehen, wenn man zugleich die obige Frage bejaht und konstatiert: Ja, der Tod ist das Ende des Lebens! Ich halte dagegen: Nein, der Tod ist nicht das Ende des Lebens, sondern die Tür zu einem anderen Leben. Das Leben im Machtbereich Gottes umfasst mehr als das irdische Leben. Gott ist auch der Gott des Lebens, das nach unserem Tod kommt.

Gerade das ist doch die christliche Botschaft von Kreuz und Auferstehung: Zwar endet unser irdisches Leben mit dem Tod. Aber der Tod ist nicht das Ende der Lebensmacht Gottes und nicht das Ende des Lebens, das in Gott für uns Menschen aufgehoben ist. Auferstehungsglaube heißt für mich: Wie Jesus Christus kann ich darauf vertrauen, dass der Tod für mich eine Tür zum unzerstörbaren Leben im Reich Gottes ist.

Das Leben im Machtbereich Gottes umfasst mehr als das irdische Leben.

Mit meinem Tod wird enden, was mir hier auf dieser Erde an Leben zuteil wurde, was ich genießen konnte oder was ich erleiden musste. Der Tod als das Ende des irdischen Lebens kann Gnade sein. Er kann ein Hoffnungsdatum sein. Und er kann als zerstörerisches und ungerechtes Schicksal empfunden werden.

NIKOLAUS SCHNEIDER: Auch mir ist auf die obige Frage eine doppelte Antwort unverzichtbar: ja und nein. Ja, denn der Tod ist das Ende des irdischen Lebens. Und nein, denn der Tod ist das Tor zu einem neuen Leben. Letzteres ist eine Glaubensgewissheit, es ist keine naturwissenschaftliche Feststellung. Und es taugt deshalb nur sehr bedingt als Grundlage für rechtliche Regelungen zum Suizid. Der Glaube eröffnet uns einen weiteren Lebensbegriff, der über den Tod hinausgeht. Diese Entgrenzung kann man allerdings missbrauchen, etwa dann, wenn man die Menschen vertröstet: *Das Leben hier ist ein Jammertal, wir müssen es aushalten, aber das eigentliche, das wichtige Leben kommt danach.*

Wer so denkt, kommt zum Schluss: Es lohnt nicht, sich in diesem irdischen Leben dafür einzusetzen, dass es gerecht und friedlich zugeht. Denn: Dieses irdische Leben ist nun einmal von der Sünde beherrscht und vom Tod. Menschen können und werden hier nie gerechte Verhältnisse schaffen. Dieses Denken führt zu Fatalismus oder Resignation. Wer so denkt, wird nach meiner Überzeugung mitschuldig an Unrecht, Leid und mannigfachem vorzeitigem Sterben von Menschen. Und er widerspricht mit einer solchen Lebenshaltung dem, was die Bibel über Gottes Wort und Willen für die Menschen und für das Leben auf dieser Erde sagt.

Die Kraft zum Einsatz gegen Unrecht, Gewalt, Krieg und soziale Kälte hier im irdischen Leben kommt für mich aus den großen biblischen Visionen vom Reich Gottes. Ich lese sie nicht als Vertröstung für ein Leben nach dem Tod, sondern als Absicht Gottes schon für unser gegenwärtiges Leben auf dieser Erde. Diese biblischen Visionen sind Vorgeschmack, Hoffnungszeichen und Leitbild, die mir meinen *irdischen Lebensauftrag* klarmachen. Wo ich ihm nicht gerecht werden kann, da tröstet mich die demütige Einsicht, dass Gottes Reich nicht von meiner Anstrengung abhängig ist.

Für meine Vorstellung von einem „guten Leben" angesichts des unausweichlichen Todes ist der Glaube grundlegend, dass mit Jesus Christus das Gottesreich schon hier auf dieser Erde „mitten unter uns" angefangen hat. Und dass Gott meinen Einsatz und meine Anstrengung dafür will, dass sein Reich unter uns Wurzeln schlagen kann. Dietrich Bonhoeffer hat im Dritten Reich treffend gesagt, dass wir den Kampf, das Eintreten für den Frieden, erst aus der Hand geben, wenn entweder für uns persönlich das Reich Gottes kommt, weil wir sterben, oder wenn das Reich Gottes umfassend anbricht, weil Gott die irdische Zeit beendet. Diese Weise der Zuordnung von irdischem und ewigem Leben ist für mich entscheidend. Von daher müssen wir sorgfältig mit unserer Rede von dem „Leben nach dem Tod" umgehen. Ich stimme Anne aber zu, wenn sie sagt: Der Tod muss nicht nur als zerstörerisches und ungerechtes Schicksal empfunden werden. Der Tod als das Ende des irdischen Lebens kann auch Gnade sein. Und er kann ein Hoffnungsdatum sein.

WOLFGANG THIELMANN: Also ist der Tod nicht – wie Paulus es im Korintherbrief beschreibt – nur *der letzte Feind*, der von Gott vernichtet wird?

ANNE SCHNEIDER: Nein, das ist für mich eine verkürzte Sicht. Diese paulinische Einschätzung verweist zwar angesichts all der vorzeitigen, grausamen und qualvollen Tode, die Menschen sterben mussten und müssen, auf eine ganz wichtige Erfahrung und Vorstellung. Aber eben nicht auf das einzig wichtige und richtige Todesverständnis. Der Arzt Michael de Ridder beginnt sein lesens- und nachdenkenswertes Buch *„Wie wollen wir sterben"* mit dem Zitat eines unbekannten attischen Tragödiendichters: *„Wer weiß schon, ob das Sterben nicht eigentlich das Leben und das Leben nicht eigentlich das Sterben ist."*[10]
Und die Schriftstellerin Cornelia Funke lässt in ihrem Roman „Tintentod" den Tod auf die Anrede „Du bist der Tod" sagen: *„Ja, so nennt man mich, dabei hätte ich doch so viele andere Namen verdient! [...] Das Ende und der Anfang bin ich [...] Die große Wandlerin, das ist der Name, der mir gefällt! [...] Ich bin Vergängnis und Erneuerung."*[11]
Der Tod begegnet Menschen eben nicht nur als Feind, sondern auch als ein ersehnter Freund oder als Lehrmeister für ein gutes Leben. Von Letzterem erzählt etwa das wunderbare Bilderbuch von Wolf Erlbruch mit dem Titel *„Die große Frage"*. Darin begegnet uns eine Vielzahl von Antworten auf die große

---

10 Ridder, Michael de: Wie wollen wir sterben? Ein ärztliches Plädoyer für eine neue Sterbekultur in Zeiten der Hochleistungsmedizin. © Deutsche Verlagsanstalt, München 2010.
11 Funke, Cornelia: Tintentod. © Dressler, Hamburg, 2007. S. 258f.

Frage eines kleinen Jungen: „Warum bin ich eigentlich auf der Welt?"

Da sagt zum Beispiel der Soldat: „Du bist auf der Welt, um zu gehorchen." Und der Stein: „Du bist da, um da zu sein." Und die Mutter: „Du bist da, weil ich dich lieb habe." **Der Tod aber sagt: „Du bist auf der Welt, um das Leben zu lieben."**[12]

Wenn wir unsere eigene Sterblichkeit und Erfahrungen mit dem Sterben und dem Tod geliebter Menschen nicht verdrängen, vermeiden oder tabuisieren, dann kann der Tod uns lehren, das vergängliche Leben auf dieser Erde zu wertzuschätzen und zu lieben.

NIKOLAUS SCHNEIDER: Diese Erfahrung hat wohl auch Steve Jobs machen können. Der damalige Apple-Chef hielt am 12. Juni 2005 vor den Absolventen der Stanfort-Universität in Kalifornien eine Rede, in der er auch über seine Krebserkrankung, über die Sterblichkeit des Menschen und über den Tod sprach. Er sagte darin die folgenden bemerkenswerten Sätze:

„Nun, da ich das (die Krebsdiagnose und Krebsoperation) durchgestanden habe, kann ich Ihnen das mit etwas mehr Gewissheit sagen als zu der Zeit, da der Tod noch ein nützliches, aber rein geistiges Konzept war. Niemand will sterben. Sogar die Menschen, die in den Himmel kommen wollen, wollen dafür nicht sterben. Und doch ist der Tod das Schicksal, das wir alle teilen. Niemand ist ihm jemals entronnen. Und so soll es auch sein: Denn der Tod ist wohl die mit Abstand beste Erfindung des Lebens. Er ist der Katalysator des Wandels ...."[13]

---

12 Erlbruch, Wolf: Die große Frage. © Hammer, Wuppertal 2004.
13 Steve Jobs über Leben und Tod. Artikel vom 06. Oktober 2011 auf stern.de
http://www.stern.de/digital/computer/rede-in-stanford-steve-jobs-ueber-leben-und-tod-3769932.html (abgerufen am 23.11.2018).

Ich kann und will den Tod nicht wie Steve Jobs als „beste Erfindung" des Lebens schönreden. Dafür sehe ich ihn – nicht nur im Blick auf Meike – zu häufig doch wie Paulus als einen „letzten Feind, der vernichtet wird" (1.Korinther 15,26). Aber „*Katalysator des Wandels*" als Name für den Tod, das leuchtet mir ein: Ich glaube unsere Toten durch ihren Tod *gewandelt* und erneuert in Gottes Ewigkeit.

Und der Tod geliebter Menschen wie auch jeder realistische und zugleich empathische Umgang mit Sterbenden *wandelt* zudem das Leben von uns Zurückbleibenden. Indem der Tod uns die Endlichkeit und die Grenzen von irdischem Glück und irdischen Beziehungen aufzeigt. Und indem der Tod uns neue Perspektiven schenkt für das, was im endlichen irdischen Leben wirklich zählt.

Der Moderator Jürgen Domian führt in einem seiner Bücher fiktive Interviews mit dem Tod und erzählt dabei, wie eigene Todeserfahrungen seinen Blick auf das Leben sinnvoll gewandelt haben.[14] In diesem Buch erzählt er aber auch eine Geschichte, die zeigt, dass Sterbe- und Todeserfahrungen das Leben von Menschen nicht nur sinnvoll wandeln, sondern auch **zerbrechen** können. Hierin wird das Feindliche des Todes besonders schmerzlich sichtbar.

Jürgen Domian beschreibt eine Begegnung mit einer älteren Frau am Grab ihrer geliebten Verstorbenen:

„Im Grab lagen ihr Mann und ihre beiden erwachsenen Kinder. Der Sohn war 29 Jahre alt geworden, die Tochter 25. ,Wir sind immer eine so glückliche Familie gewesen – bis vor neun Jahren die Katastrophe kam', sagte die Frau. Ihre Tochter hatte, als sie rückwärts mit dem Familienwagen aus der

---

14 Domian, Jürgen: Interview mit dem Tod. © Gütersloher Verlagshaus, Gütersloh 2012.

Garage fuhr, nicht bemerkt, dass ihr Bruder unter dem Auto lag. Er wollte irgendetwas an der Auspuffanlage reparieren. Zudem hatte sie den Kopfhörer eines Walkmans auf und konnte deshalb die Rufe ihres Bruders nicht hören ... Beim Zurücksetzen fuhr sie dann über den Hals bzw. den Kopf des Bruders. Er war sofort tot. Zwei Monate später nahm sie sich mit Schlaftabletten das Leben, die Schuldgefühle waren für sie unerträglich geworden. Wiederum einen Monat später erhängte sich der Vater der beiden, weil er die Seelenschmerzen nicht mehr hatte aushalten können. Zurück blieb die Frau. Das Ehepaar hatte keine weiteren Kinder. Das also war die Geschichte dieses Grabes. Die Frau erzählte sie mir ganz sachlich, konzentriert und ohne zu weinen. Sie hatte vermutlich keine Tränen mehr. Am unteren Rand des Grabsteins stand zu lesen: **Der Liebe Ende ist das Leid.**"[15]

Ich glaube und lebe mit einem Gottvertrauen über den Tod hinaus. Mit einem Gottvertrauen, das mir die Gewissheit schenkt: Die Liebe hat das letzte Wort über den Tod und alles Leiden. Und nicht: Der Liebe Ende ist das Leid. Und doch: Diese Geschichte steht stellvertretend für viele konkrete Lebens- und Sterbe-Geschichten, die mir trotz meines Gottvertrauens fromme Trostworte im Halse stecken bleiben lassen.

Wie können wir dem Tod begegnen in der Gewissheit: *In all meinen Todeserfahrungen bin ich aufgehoben und geborgen in der Liebe von Menschen und von Gott – auch angesichts des Todes, angesichts von vorzeitigen und qualvollen Sterbeprozessen und sogar durch den Tod hindurch!?*

Das ist für mich eine entscheidende Lebensfrage, die uns Menschen in unterschiedlicher Intensität und mit unterschiedlichen Akzentsetzungen ein Leben lang begleitet. Eine Lebens-

---

15 A.a.O., S. 76 ff.

frage, auf die es keine abschließende und keine logisch-widerspruchsfreie Antwort gibt. Eine Lebensfrage, die sich auch nicht mit theologischen Lehr- und Bekenntnissätzen zum Verstummen bringen lässt.

ANNE SCHNEIDER: Genau. Das ist auch mir ganz wichtig: Theologische Lehr- und Bekenntnissätze sind keine beschwichtigenden Trostpflaster, die angesichts unserer realen Todeserfahrungen unsere Fragen und unsere Zweifel an Gottes erfahrbarer Lebensmacht zum Verstummen bringen. Theologische Lehr- und Bekenntnissätze haben eine unverzichtbare Bedeutung, wenn es uns mit unseren religiösen Bindungen um mehr geht als um ein exklusives Privatverhältnis zu Gott und um mehr als um unser individuelles Seelenheil. Tragfähige religiöse Gemeinschaften brauchen gemeinsame Erzähltraditionen und eine gemeinsame Erinnerungskultur. Und sie brauchen eben auch gemeinsame grundlegende Lehr- und Bekenntnissätze, damit uns in den Irrungen und Wirrungen unseres individuellen Lebens die *„Gemeinschaft der Glaubenden"* – oder wie wir im Glaubensbekenntnis bekennen *„die Gemeinschaft der Heiligen"* – beziehungs- und gemeinschaftsförderliche Impulse und Wegweisungen geben kann. Sterbebegleitungen und Todeserfahrungen gehören unvermeidbar zu unserem Beziehungs- und Gemeinschaftsleben. Wer angesichts dieser unabweisbaren Einsicht möglichst alle Sterbe- und Todeserfahrungen zu vermeiden und zu verdrängen sucht, der verdrängt letztendlich das Leben selbst. Er ist naiv, bleibt unreif und wird damit letztendlich beziehungsunfähig. Er banalisiert sein Leben, verfehlt die Fülle des Lebens und jedes nachhaltige Glück.

Die niederländische Schriftstellerin Connie Palmen hat diese Einsicht nach dem Tod ihres Mannes Hans van Mierlo in dem berührenden Bericht *„Logbuch eines unbarmherzigen Jahres"* festgehalten. Sie schreibt dort:

„Liebe ohne Abhängigkeit gibt es nicht. [...] Liebe, Fürsorge, Bewunderung, Mitleid und Schuld können nur durch Bindungen geweckt werden. Sie sind die Ingredienz des Glücks, das ohne Abhängigkeit nicht existiert. Die Kehrseite der Medaille ist, dass du andere verlieren kannst, durch den Tod oder durch irgendeine andere Form der Trennung. [...] Die permanente Angst vor dem Tod der gegenseitigen Liebe ist der feste Begleiter des Glücks. **Wer der Angst vor dem Tod entflieht, verfehlt das Glück.**"[16]

Dass wir Menschen uns dem Tod stellen und damit eben auch unserer Angst vor den Verlustschmerzen, die der eigene Tod und der Tod geliebter Menschen mit sich bringen, das gehört für mich zu einem gelingenden Leben.

WOLFGANG THIELMANN: Lassen Sie uns über Beerdigungen reden. Soll man sie vorher planen?

ANNE SCHNEIDER: Ja, ich finde schon, zumindest in den uns wichtigen Fragen. Der Theologe Fulbert Steffensky erzählte uns, dass Annemarie Böll ihn gebeten hatte, sie zu beerdigen. Er sagte ihr das zu und fragte nach ihren Wünschen und Vorstellungen im Blick auf ihre Beerdigungs-Feier. Annemarie Böll hätte ihm geantwortet: Du wirst das schon machen. Als Fulbert Steffensky uns davon erzählte, äußerte er sich beeindruckt davon, dass sie dieses Vertrauen in ihn hatte und dass sie ihre Zuständigkeit und Verantwortung für diese Abschiedsfeier so souverän loslassen konnte.

Anders als Annemarie Böll hatte ich nach meiner Krebsdiagnose doch das Verlangen, ein bisschen in Planungen für meine Beerdigung einzusteigen. Mich bewegte dabei kein

16 A.a.O., S. 179 f.

Misstrauen, sondern der Wunsch, für diese Feier noch ein paar persönliche Akzente zu setzen. Ich habe einen alten Freund, den ich seit Studienzeiten kenne, gebeten, mich zu beerdigen. Als Predigttext habe ich mir Römer 8, 38 und 39 ausgesucht: *„Ich bin gewiss, dass weder Tod noch Leben, weder Engel noch Mächte noch Gewalten, weder Gegenwärtiges noch Zukünftiges, weder Hohes noch Tiefes noch irgendeine andere Kreatur uns scheiden kann von der Liebe Gottes, die in Christus Jesus ist, unserm Herrn."* Zur Auslegung dieses Bibelwortes habe ich keine Vorgaben gemacht, da vertraue ich den theologischen Einsichten unseres Freundes. Bislang auch noch nicht zu den Liedern und zur Liturgie, aber da mache ich mir vielleicht noch mal ein paar Gedanken.

Im Januar 2015 starb einer unserer langjährigen Freunde. Er hatte in den Weihnachtsferien vor seinem Tod seine Beerdigung ganz intensiv geplant, bis hinein in die Liedstrophen. Die Trauerfeier war dann auch deshalb eindrücklich für uns, weil wir ihn in den von ihm ausgewählten Liedern und Texten noch einmal besonders gespürt haben. Theoretisch hätte ich also nichts gegen eine genauere Planung meiner Beerdigung. Aber im Moment reicht es mir, den verantwortlichen Pfarrer und den Bibeltext festgelegt zu haben.

NIKOLAUS SCHNEIDER: Die Frage nach der Planung der eigenen Beerdigung scheint mir auch eine Typfrage zu sein. Ich bin da mehr wie Annemarie Böll. Ich vertraue auf diejenigen, die mich beerdigen, und darauf, dass sie das in einer Weise machen werden, die mir angemessen ist. Ich muss nicht immer alles in meiner Hand haben. Deshalb werde ich auf jeden Fall darauf verzichten, Details meiner Beisetzung festzulegen. Aber ich setzte mich schon mit dem Gedanken auseinander, einige Dinge aufzuschreiben, die mir wichtig sind – über mein Leben und über mein Sterben und über meine Hoffnung. Dazu gehört auch, welche biblischen Texte mir zu diesem Thema wichtig sind, welche Lieder und welche literarischen Texte infrage kommen. Das soll der wissen, der mich beerdigt. Was er daraus macht, ist dann seine Sache. Noch habe ich das aber nicht getan.

ANNE SCHNEIDER: Ich finde, es ergibt Sinn, das frühzeitig, also vor der akuten Sterbephase, zu tun. Man könnte ja auch einen unerwartet plötzlichen Tod sterben. Die Frage, wen Nikolaus als seinen „Beerdiger" wünscht, habe ich ihm schon gestellt, als er noch im Dienst war. Ich wollte bei einem plötzlichen Tod von Nikolaus vorbereitet sein, bevor eine dienstliche Routine greift im Blick auf die Verantwortung und Gestaltung der kirchlichen Trauerfeier. Nikolaus hatte schon damals auf unseren Freund verwiesen, dem wir beide uns menschlich und theologisch so nah und so verbunden fühlen, dass es mich nicht weiter bedrückt oder beunruhigt, wenn Nikolaus keine weiteren konkreten Planungen macht.

Bei unserer 2005 verstorbenen Tochter Meike war ich sehr froh, mit ihr über Sterben, Tod und Beerdigung konkret geredet zu haben, als sie und ich kurz vor ihrer Stammzellen-Transplantation gerade ohne konkrete Todesängste und voller Hoffnungen auf eine nachhaltige Heilung waren. Das ermöglichte uns beiden – sozusagen in einem Planspiel – ruhig und ohne Tränen, über ihre Beerdigungswünsche und -vorstellungen zu reden. Sie hat mir dann als ihren Wunsch-Beerdigungs-Pfarrer einen Freund von uns genannt, der Meike mehrfach besucht und zu dem sie ein besonderes Vertrauensverhältnis entwickelt hatte. Dann haben wir auch gemeinsam ein paar ihrer Lieblingslieder herausgesucht und wir haben besprochen, welche Menschen aus ihren vielfältigen Lebenskreisen eingeladen werden sollten und dass es schön wäre, wenn nach dem Trauergottesdienst ein großes Fest in ihrem italienischen

Lieblingsrestaurant stattfände. Dieses Gespräch hat mir dann nach ihrem Tod sehr geholfen. Denn als Meikes Sterben konkret anstand, hätte ich sie nicht mehr fragen können. Da lag sie im künstlichen Koma. Und in ihren letzten bewussten Lebenstagen hatten wir gar nicht die seelische Kraft, dieses Thema anzusprechen, weil wir dann nur noch geweint hätten.

NIKOLAUS SCHNEIDER: Dass du mit Meike so früh über ihre Beerdigungswünsche geredet hattest, hat sich als klug erwiesen. Aber die Geschichte mit ihr war eine Extremsituation.

ANNE SCHNEIDER: Eine praktische Frage, nämlich die, ob Meike nach ihrem Tod verbrannt werden wollte, hatte ich allerdings nicht mit ihr angesprochen. Ich glaube, weil für mich diese Frage eigentlich keine theologische Relevanz mehr hatte. Meike hatte mir in den Weihnachtstagen 2004, als wir alle noch von einer Heilung durch die Stammzellentransplantation ausgingen, ein Bild gemalt und geschenkt, das den Titel trug: *„Phoenix-Frauen erstehen aus Feuer, nicht aus Asche"*. Ich hatte das damals so interpretiert, dass sie sich gerade als eine starke Phoenix-Frau sah, die jetzt aus dem Feuer ihrer qualvollen Chemotherapien und medizinischen Behandlungen erstand. Nach ihrem Tod las ich aus diesem Bild dann auch ihren Wunsch, verbrannt zu werden.

Meike hatte als Jugendliche den Streit zwischen meinen Eltern ums Verbrennen mitbekommen. Mein Vater sagte kurz vor seinem Tod, er wolle verbrannt werden. Es würde ihn bedrücken und anekeln, zu wissen, sein Körper werde im Sarg von Würmern gefressen. Für meine Mutter aber galt das Verbrennen als eine nicht christliche Form der Bestattung, vielleicht, weil die Kirche früher Ketzer und Hexen verbrannt hatte. Meine Mutter erklärte meinem Vater und uns: Nein, diesen Wunsch werde ich nicht erfüllen. Und sie machte deutlich, dass nach ihrer Meinung die Beerdigung für die Überlebenden und nicht für den Toten wichtig ist.

In der Reflexion dieser Kontroverse zwischen meinen Eltern merkten Nikolaus und ich und auch unsere Töchter, dass Feuer- und Erdbestattungen für uns theologisch gleichwertig sind. Gott braucht für unsere Auferstehung keinen verwesten Leib und kein Knochengerippe.

NIKOLAUS SCHNEIDER: Mein Vater hätte sich auch gerne verbrennen lassen. Bei ihm war es eher die gewerkschaftlich-sozialistische Tradition. Da galt die Verbrennung als eine Art Bekenntnis, dass man nicht an Gott glaubte. Er stand in dieser Tradition. Aber eine Feuerbestattung wollte meine Mutter nicht. Sie hat das allerdings nicht mit meinem Vater diskutiert, da waren meine Eltern anders als die Eltern von Anne. Doch auch meine Mutter hat sich nach seinem Tod mit einer Erdbestattung durchgesetzt. Auch sie war der Meinung, dass die Art der Bestattung in den Entscheidungs- und Verantwortungsbereich der Hinterbliebenen gehört.

WOLFGANG THIELMANN: Welche Bedeutung haben Friedhöfe und die Gräber geliebter Menschen für Sie?

NIKOLAUS SCHNEIDER: Die Friedhofskultur hat sich in den vergangenen Jahrzehnten sehr geändert. Es gibt Friedhöfe mit Urnenfeldern, Kolumbarien, Friedwälder, auch die Erdbestattung wird bleiben. Diversität ist hier wohl die Zukunft.

WOLFGANG THIELMANN: Meiner Mutter musste ich ein anonymes Grab ausreden. Sie fürchtete, wir Kinder pflegen ein richtiges Grab nicht, und das wäre ihr peinlich gewesen.

NIKOLAUS SCHNEIDER: Annes Mutter fürchtete das auch.

ANNE SCHNEIDER: Der Friedhof in Salzgitter, wo meine Eltern begraben sind, erlaubte, dass das von meiner Mutter wunderbar gepflegte Familiengrab nach ihrem Tod umgestaltet wurde: Der Grabstein blieb, aber auf die Fläche wurde Gras eingesät. Unsere Besuche in Salzgitter und beim Grab meiner Eltern wurden im Laufe der vergangenen Jahre immer seltener. Bald kommt wohl der Moment, wo wir vor der Frage stehen: Wie lange sollen wir dieses Grab noch erhalten?

Der Sohn einer Tante von mir war mit fünf Jahren überfahren und in seinem damaligen Heimatort begraben worden. Dann zog die Familie weit weg, und nach 30 Jahren wurde sie gefragt, ob sie die Grabstelle verlängern wolle. Der Familienrat beschloss, das Grab aufzugeben. Aber die älteste Tochter hat sich dann den Grabstein ihres Bruders in ihren Garten stellen lassen und Blumen darum herum gepflanzt. Das fand und finde ich eine sehr schöne Lösung. Nur haben weder ich noch meine Schwester noch unsere Töchter einen eigenen Garten.

NIKOLAUS SCHNEIDER: Bei meiner Mutter in Neukirchen haben wir eine ähnliche Lösung wie bei Annes Eltern gewählt. Allerdings durfte man da keinen Grabstein setzen, sondern nur eine kleine quadratische Platte mit den wichtigen persönlichen Daten auf den Boden legen. Mir ist die Frage der Identität auch über den Tod hinaus wichtig. Ich möchte, dass es einen Ort der Trauer gibt, der sich auch mit dem Namen der Verstorbenen verbindet. Dass also zumindest noch für einige Jahre nach dem Tod eines Menschen ein Stückchen seiner Identität, das sich mit seinem Namen und seinem Grab verbindet, öffentlich sichtbar erhalten bleibt.

WOLFGANG THIELMANN: Ich finde deshalb Wiesengräber schön, wo eine Platte im Boden oder ein Stein darauf den Namen der verstorbenen Person trägt und darum herum ist Rasen. So ist es bei meinen Eltern. Mich hat der Gedanke gefreut, dass meine Eltern in der Nähe ihres früheren Hauses begraben liegen, das ihnen viel bedeutete. Dieses Wiesengrab sieht nicht verwahrlost aus, auch wenn ich nur selten dorthin komme.

ANNE SCHNEIDER: Meiner Mutter war es wichtig, mindestens einmal in der Woche zum Grab ihrer Eltern und zu dem ihres Ehemanns zu gehen. Wenn ich sie gelegentlich begleitete, konnte sie zu jedem dritten Grab auf diesem dörflichen Friedhof eine Geschichte erzählen. Da spürte ich dann, dass es für eine lebendige Erinnerungskultur schon wichtig sein kann, länger an einem Ort zu leben. Als dann auch meine Mutter gestorben war, hatte ich nicht den Drang, regelmäßig nach Salzgitter zu fahren, um zum Friedhof zu gehen. Mir reichte es für mein Erinnern aus, zu Hause in Neukirchen, Angermund oder Berlin schöne Fotos meiner Eltern um mich zu haben. Nach dem Tod unserer Tochter Meike merkte ich dann ganz existenziell, dass mir ihr Grab und der Friedhof für zwei, drei Jahre ein ganz wichtiger Ort meines Erinnerns und Trauerns wurden. Fast täglich bin ich auf dem Weg von der Schule nach Hause zu ihrem Grab gefahren. Ich brauchte es einfach. Das ist aber jetzt, wo ich pensioniert bin und wir in Berlin leben, vorbei. Ich habe Fotos von Meike in fast allen Räumen unserer Wohnung, erinnere mich eigentlich täglich an sie und wir erzählen auch unseren Enkelkindern von ihr.

WOLFGANG THIELMANN: Also Erinnerungskultur ist Ihnen wichtig?

NIKOLAUS SCHNEIDER: Ja, Erinnerungskultur ist wichtig. Aber sie muss sinnvoll eingebettet werden in die Lebenszusammenhänge der Menschen, die weiterleben. Da die Lebensorte und Lebenszusammenhänge sich für uns recht häufig verändert haben, mussten wir uns auch immer wieder neue Gedanken machen über die Formen unserer Erinnerungskultur und über die Bedeutung, die Gräber und Friedhöfe dabei für uns haben. Zu Meikes Grab gehen wir jetzt nur noch gelegentlich, wenn wir im Rheinland sind, allerdings immer noch häufiger als nach Neukirchen zum Grab meiner Mutter oder nach Salzgitter zum Grab von Annes Eltern.

WOLFGANG THIELMANN: Haben Sie sich leichter mit dem Tod der Eltern als mit dem des Kindes abgefunden?

NIKOLAUS SCHNEIDER: Ja. Bei Meike stimmt für mich einfach die Generationenfolge nicht. Eigentlich sollte ich vor ihr sterben. Sie hätte meine Beerdigung organisieren sollen, nicht ich ihre. Ein besonderer Schmerz darüber bleibt.

ANNE SCHNEIDER: Bei unseren Eltern haben wir beide nicht übermäßig getrauert. Sie starben alle vier in einem Alter jenseits der siebzig – das schien uns damals ein hohes Alter, heute, wo wir selbst die Siebzig erreicht haben, sehen wir das allerdings etwas anders ... Wir hatten unsere Eltern lieb, aber ihr Tod hat für unser Leben keine große Lücke gerissen. Sowohl Nikolaus wie ich sind früh zum Studium aus unseren Elternhäusern ausgezogen. Und schon in den ersten Jahren unseres Studiums haben wir geheiratet. Unsere Väter, zu denen wir ein besseres Verhältnis hatten als zu unseren Müttern, sind zuerst gestorben. Unsere Mütter empfanden wir als anstrengende Frauen, mit denen wir ein alltägliches Leben nur schwer teilen konnten und die für uns keine wichtigen Gesprächspartnerinnen waren. Das war im Blick auf Meike ja doch ganz anders. Meikes Tod hat in meinem Leben schon eine große Lücke gerissen, obwohl sie vor ihrer Leukämie schon unser Haus verlassen hatte.

Viele Menschen sagten mir nach Meikes Tod: „Dir ist das Schlimmste passiert, was einem im Leben passieren kann, dir ist ein Kind gestorben." So generell und absolut möchte ich das nicht sagen. Auf mein bisheriges Leben bezogen waren Meikes Sterben und Tod schon die tiefsten meiner Leiderfahrungen. Aber: Ich musste nie das Gefühl haben, dass ich mit meiner

Ich möchte keine Hierarchie der Schwere von Verlusten beim Tod geliebter Menschen aufstellen. Jeder Verlust ist einzigartig und hat seinen eigenen Schmerz und seine eigene Herausforderung.

Trauer und mit meinem Kampf allein bin. Auch wenn Nikolaus und ich in unseren Gefühlsäußerungen durchaus unterschiedlich sind, ich konnte jede Nacht in seinen Armen weinen und wusste, seine Trauer ist vergleichbar mit meiner. Es tut mir auch jetzt, 14 Jahre nach Meikes Sterben, noch immer gut, mit ihm zusammen über Meike zu reden. Und mit ihm darüber zu reflektieren, was dieser für uns zu frühzeitige Tod unserer Tochter für unseren Glauben, unsere Gottesvorstellungen und unser Gottvertrauen bedeutet. Nicht allein zu sein in der Trauer, auch in den Fragen an Gott, ist eine ganz große Hilfe. Einen geliebten Lebenspartner zu verlieren und nach jahrelanger glücklicher Zweisamkeit plötzlich allein zu sein, stelle ich mir fast schwerer vor, als gemeinsam ein Kind zu verlieren. Wenn ich Nikolaus bei seinem Sterben begleiten müsste, hätte ich wohl nicht die Gewissheit: Meine Kinder und Enkel können die Tiefe meiner Trauer und meiner Ängste umfassend nachvollziehen. Ich möchte aber keine Hierarchie der Schwere von Verlusten beim Tod geliebter Menschen aufstellen. Jeder Verlust ist einzigartig und hat seinen eigenen Schmerz und seine eigene Herausforderung.

NIKOLAUS SCHNEIDER: Solche Erfahrungen entziehen sich allen Vergleichen. Erstens weil sie sehr subjektiv sind, zweitens weil Sterben und Trauer sich nicht in Schweregrade einteilen lassen. Der Schmerz der Angehörigen über den Verlust ist nicht messbar. Und die Tiefe der Trauer von Hinterbliebenen hängt nicht davon ab, ob jemand mit 22 oder 82 stirbt.

Mir ist es in letzter Zeit ein paarmal begegnet, dass erwachsene Enkel eine besondere Bindung an ihre Großeltern hatten. Ich führe das darauf zurück, dass die Großeltern oft noch einen Anker der Stabilität für sie bedeuten, wenn zum Beispiel die Ehe ihrer Eltern auseinandergegangen ist. Und auch, wenn beide Elternteile berufstätig und Großeltern schon pensioniert sind, kann sich eine besondere Großeltern-Enkel-Beziehung entwickeln. Das erleben Anne und ich gerade bei und mit unseren Enkelkindern. Die Eltern sind berufstätig, und ihre Zeit ist eng getaktet. Wir haben mehr Zeit und Ruhe. Großeltern und Enkel erfreuen sich oft auch an einer entspannteren Beziehung: Wir Großeltern müssen nicht so streng und konsequent sein, denn die Erziehung ist nicht unser Job. Wenn unsere Enkel an Nachmittagen und am Wochenende bei uns sind, geht es zumeist ganz locker zu. Also: Ich glaube, dass unsere Enkel uns vermissen würden, wenn wir jetzt stürben. Mehr als wir unsere Großeltern vermisst haben. Denn wir gehören jetzt zum Alltag der Enkelkinder.

Ihr müsst euch nicht schämen, wenn ihr verzweifelt seid. Einen geliebten Menschen zu verlieren tut weh, auch wenn wir an die Auferstehung und an ein Wiedersehen in Gottes Ewigkeit glauben.

ANNE SCHNEIDER: Der Tod ist das Ende von direkten und körperlichen Beziehungen. Das tut häufig schon weh. Theoretisch könnte man ja meinen, dass der auferstandene Christus und ein fester Glaube an den Auferstandenen und an unsere eigene Auferstehung diesen Schmerz wegwischt und unsere Trauer „ruckzuck" in Vorfreude verwandelt. Das entspricht nicht unseren Erfahrungen. Nach dem Tod unserer Tochter Meike haben wir ein Buch über unsere Trauererfahrungen geschrieben. Uns war wichtig, Christinnen und Christen zu sagen: Ihr müsst euch nicht schämen, wenn ihr verzweifelt seid. Einen geliebten Menschen zu verlieren tut weh, auch wenn wir an die Auferstehung und an ein Wiedersehen in Gottes Ewigkeit glauben.

WOLFGANG THIELMANN: Wie konkret tragen sie das Bild von einem Wiedersehen in Gottes Ewigkeit in sich? Sie haben in dem Buch über das Sterben Ihrer Tochter Meike geschrieben, dass Sie sich darauf freuen und dass es Sie tröstet, Meike wiederzusehen. Was stellen Sie sich vor, wie wird das sein?

ANNE SCHNEIDER: Dieses Bild zu konkretisieren und mit anderen Menschen zu teilen, das ist nicht leicht. Das wurde mir schon bei meinem Abschied von meinem Vater deutlich, zu dem ich ein intensives Verhältnis auch im Austauschen von theologischen Gedanken hatte. In seinen letzten bewussten Tagen haben wir festgestellt, dass uns die Hoffnung auf ein Wiedersehen trägt und dass wir hoffen und wünschen, dass Beziehung und Begegnung auch in Gottes Reich möglich sind. Doch dann hat mein Vater gesagt: Ich möchte aber nicht mit meinem 72-jährigen Körper im Reich Gottes leben. Dann wäre ich lieber als 40-Jähriger gestorben. Wir haben darüber gelacht, denn wir merkten, dass unsere konkreten Auferstehungsvorstellungen an Grenzen kamen.

Wir brauchten konkrete Vorstellungen von einem Wiedersehen in Gottes Reich, damit sie uns trösteten. Aber im Aussprechen dieser Vorstellungen wurde uns sofort ihre Unangemessenheit deutlich. Wir können keine gesicherten Aussagen darüber machen, wie das Reich Gottes aussieht und wie wir darin aussehen werden. Aber wir können uns an biblischen Vorstellungen orientieren. Etwa an der Aussage Jesu, dass der Gott Abrahams, Isaaks und Jakobs ein Gott der Lebenden und nicht der Toten ist. Und bei der biblischen Geschichte von der *Verklärung Jesu* erscheint Jesus zwischen Mose und Elia. Die Jünger konnten die beiden verstorbenen Glaubensväter an Jesu Seite also identifizieren. Das heißt doch, Jesus glaubt an eine Bewahrung der persönlichen Identität durch den Tod hindurch. Nach Jesu Auferstehung kommen dann andere Körpervorstellungen dazu: Mit seinem Auferstehungsleib sagt Jesus zu Maria Magdalena: *Rühr mich nicht an.* Und Jesus kann mit seinem Auferstehungsleib durch geschlossene Türen gehen.

Ich erinnere mich an meinen Religionsunterricht, wo ich mit Schülerinnen und Schülern über Auferstehungsvorstellungen diskutiert habe, auch mithilfe von Filmen. Der Film *„Hinter dem Horizont"* hat uns damals mit seinen intensiven Bildern von Himmel und Hölle besonders beeindruckt. Und auch mit der Vorstellung, dass die Menschen im Himmel sich unterschiedliche Körper für verschiedene Begegnungen wählen können. Ihre Identität bleibt ihnen jeweils auch in den unterschiedlichen Körpern erhalten. So können sie an frühere irdische Beziehungen anknüpfen, auch wenn ein gegenseitiges Erkennen sich verzögert. Übrigens vermittelte dieser Film die für mich völlig abwegige Botschaft: Der Suizid eines Menschen führt dazu, dass er sich nach seinem Tod nicht im Himmel, sondern in der Hölle wiederfindet.

NIKOLAUS SCHNEIDER: Es wird wahrscheinlich alles ganz anders sein, und die verschiedenen Bilder spielen mit menschlichen Wunsch- und Horrorvorstellungen. Das finde ich durchaus legitim, solange es unser eigenes Fühlen und Denken anregt und nicht lähmt.

Mehr als durch Filme werden meine Auferstehungsvorstellungen allerdings von lyrischen Texten inspiriert. Etwa durch das Gedicht „Glauben Sie" von Marie-Luise Kaschnitz.

In diesem Gedicht werden Vorstellungen versprachlicht, die mich trösten und prägen: etwa Vorstellungen davon, dass geglückte irdische Beziehungen auch im ewigen Gottesreich *„bleiben"*. Dass wir unsere Identität nicht verlieren, einander berühren und hören können.

Glauben Sie fragte man mich
An ein Leben nach dem Tode
Und ich antwortete: ja
Aber dann wusste ich
Keine Auskunft zu geben
Wie das aussehen sollte
Wie ich selber
Aussehen sollte
Dort

Ich wusste nur eines
Keine Hierarchie
Von Heiligen auf goldenen Stühlen
sitzend
Kein Niedersturz
Verdammter Seelen
Nur

Nur Liebe frei geworden
Niemals aufgezehrte
Mich überflutend

Kein Schutzmantel starr aus Gold
Mit Edelsteinen besetzt
Ein spinnwebenleichtes Gewand
Ein Hauch
Mir um die Schultern
Liebkosung schöne Bewegung
Wie einst von tyrrhenischen
Wellen

Wie von Worten die hin und her
Wortfetzen
Komm du komm

Schmerzweb mit Tränen besetzt
Berg- und Talfahrt
Und deine Hand
Wieder in meiner

So lagen wir lasest du vor
Schlief ich ein
Wachte auf
Schlief ein

Wache auf
Deine Stimme empfängt mich
Entlässt mich und immer
So fort

Mehr also, fragen die Frager
Erwarten Sie nicht nach dem
Tode?
Und ich antworte
weniger nicht.[17]

17 Kaschnitz, Marie Luise: Gesammelte Werke in sieben Bänden. © Insel, Frankfurt am Main 1981. 5. Band, S. 504 f.

Christliche Theologie bekennt: An Jesus Christus hat Gott es für uns Menschen verdeutlicht, dass der Tod, der Zerfall und die Vernichtung menschlichen Lebens nicht das letzte Wort haben. Der auferstandene Christus hatte die Wundmale seines irdischen Körpers an seinem Auferstehungsleib, er war kein identitätsloses Geistwesen. Und er versprach seinen Jüngern und Jüngerinnen, dass er mit ihnen *in Beziehung bleiben wird*, auch wenn er im ewigen Gottesreich ist.

Wir haben hier nur Hoffnungsbilder und biblisch begründete Gewissheiten. Aber die reichen uns, um daran festzuhalten: Unsere Toten sind nicht tot – jedenfalls nicht im Blick auf das umfassende Leben im Gottesreich.

Seit Meikes Krankheit und Sterben fragen wir verstärkt danach, was der Glaube an die Auferstehung der Toten ganz konkret für uns bedeutet. Ob und wie wir hoffen dürfen, dass wir mit Meike in Gottes Ewigkeit unsere Beziehung neu aufnehmen können. Wir wissen, dass wir darüber nichts wissen, jedenfalls nichts im naturwissenschaftlichen Sinn. Wir haben hier nur Hoffnungsbilder und biblisch begründete Gewissheiten. Aber die reichen uns, um daran festzuhalten: Unsere Toten sind nicht tot – jedenfalls nicht im Blick auf das umfassende Leben im Gottesreich. Wir glauben und hoffen: Meike ist verwandelt in die Ewigkeit Gottes hinein.

Die Gemeinschaft zwischen uns ist verändert, aber nicht endgültig zerstört. In Gott gehört Meike zu uns und wir zu ihr. In Gott werden wir Meike neu begegnen. Diesen Glauben und diese Hoffnung konkret und verständlich in gültige Worte und konkrete Bilder zu fassen, das war und ist und bleibt schwer. Das zeigen uns schon die biblischen Texte, in denen von der „Auferstehung der Toten" die Rede ist. Und das merken jetzt

auch wir, wenn wir anderen Menschen unsere Auferstehungshoffnung beschreiben und bezeugen wollen.

WOLFGANG THIELMANN: Welche biblischen Auferstehungstexte sind für Sie von besonderer Bedeutung?

NIKOLAUS SCHNEIDER: Wenn wir die Auferstehungstexte in
der Bibel genauer betrachten, dann merken wir, dass es sich
bei vielen dieser Texte um Bilder, Visionen und symbolische
Darstellungen handelt. Es wird uns erzählt von einer goldenen Stadt, von einem ewigen Leben mit einem unverweslichen
Leib, es gibt die Beschreibungen eines neuen Himmels und einer neuen Erde ohne Krankheit, Tod und Tränen. Es gibt die
Vorstellungen von einem himmlischen Paradies in Abrahams
Schoß und von einer ewigen Verdammnis mit unerträglicher
Hitze und quälendem Durst. Für mich ganz wichtig ist die Vorstellung von einer unmittelbaren Gottesnähe: Gott wird unter
uns wohnen und ich werde – endlich! – Gott erkennen, *„wie
ich von Gott schon jetzt erkannt bin"*, nämlich nicht mehr nur
stückweise oder wie durch einen dunklen Spiegel, sondern *„von
Angesicht zu Angesicht"* (vgl. 1. Kor 13,12).

Die Auseinandersetzung mit den biblischen Texten macht
mir immer wieder klar: Mit Logik und eindeutigen widerspruchsfreien Beschreibungen können wir auch mit dem
christlichen Auferstehungsglauben die Fragen, was uns nach
dem Tod erwartet, nicht eindeutig und widerspruchsfrei beantworten. Aber das gilt ja nicht nur für unseren Auferstehungsglauben. So manche existenziell wichtigen Dinge und Gefüh-
le können wir mit unseren Worten nur umkreisen, aber nicht
einfangen, geschweige denn logisch zerlegen. Deshalb ist es
manchmal die Sprache der Poesie, die uns einen angemessene-
ren Blick auf diese Dinge schenkt als die Sprache von theoretischen Abhandlungen.

ANNE SCHNEIDER: Als Kind war ich in der Sonntagsschule von Baptisten. Da wurden uns auch Bilder und Vorstellungen vom Himmel an einer Flanelltafel vermittelt. Ich sah die Bilder und fand damals: Der Himmel muss unendlich langweilig sein. Denn man saß auf Schemeln zu Gottes Füßen, musste immer Halleluja singen, es gab keine Badeanstalt und keine vernünftigen Klettergerüste. Wir haben dem Sonntagsschullehrer gesagt: Das halten wir keinen Tag lang aus. Überhaupt fand ich Sonntage in meiner Kindheit oft total langweilig. Man musste Sonntagsklamotten tragen, die man möglichst nicht schmutzig machen sollte, durfte nicht herumtoben, aber auch nicht stricken oder handarbeiten. Da hatte ich das Gefühl: So eine Sonntagsruhe will ich in der Ewigkeit nicht.

WOLFGANG THIELMANN: Mich hat eine Frau gebeten, sie nach ihrem Tod auszusegnen. Sie hat keine Angehörigen mehr, aber wollte einen würdigen Abschied, auch wenn nur ich am Sarg stehe. Sie sagte, die Vorstellung vom ewigen Leben werde sie eher stören. Sie habe gut gelebt, und dann könne nach ihrer Vorstellung Schluss sein. „Ich bin doch froh, wenn ich meine Kämpfe ausgestanden habe", sagte sie. Kennen Sie das auch?

ANNE SCHNEIDER: Ich würde gerne mit der Frau diskutieren. Und ihr sagen, dass das ewige Leben oder das Leben bei Gott nicht eine Fortschreibung des irdischen Lebens ist. Das wäre ja eher eine Höllen- als eine Himmelsvorstellung, wenn all die Verstorbenen wieder zusammensitzen und dieselben Streitigkeiten und Vergnügungen, Sympathien und Antipathien pflegten! Und unsere individuelle Lebenssattheit im Blick auf das irdische Leben kann doch nicht ein ausreichender Grund dafür sein, die Vorstellungen von einem ganz anderen und neuen Leben in Gottes ewigem Reich zu negieren. Auch wenn ich persönlich gut gelebt habe, kann ich doch meine Augen nicht davor verschließen, dass ganz vielen Menschen auf dieser Welt kein *gutes Leben* und kein *gutes Sterben* zuteilenwurden und dass sie die Vorstellungen von Gottes neuem Himmel und Gottes neuer Erde brauchen. Keiner, der Empathie empfindet für diese Welt und mehr als sich selbst sieht, kann sterben und sagen: Es war alles gut. Wer Liebe zur Welt empfindet, trägt sein Leben lang Defizite an Gerechtigkeit und an Frieden in sich. Mir scheint das naiv oder egoistisch, wenn einer sagt, ich hatte ein tolles Leben, alles war gut, es kann im Reich Gottes nicht besser werden. Das ärgert mich.

Selbst uns, denen es hier so gut geht, dass wir keine Defizite an weiteren Glückserfahrungen haben, selbst uns quält doch irgendwo die *„Unerlöstheit der Schöpfung"*, wie Paulus sagt, also das Leiden der Kreatur und das Leiden unendlich vieler Menschen. Da mag ich die Hoffnung nicht aufgeben, dass ich nach meinem Tod die biblische Vision *erlebe*, dass ein neuer Himmel und neue Erde kommen und Gott bei den Menschen wohnt.

WOLFGANG THIELMANN: Die Frau meinte sinngemäß: „Ich bin froh, dass ich meine Kämpfe überwunden habe, dass ich meine Fragen so bewältigt habe, dass sie in mir schweigen." Sie empfand ein Gefühl von Lebenssattheit, wie es auch in der Bibel berichtet wird.

ANNE SCHNEIDER: Lebenssattheit im Blick auf das irdische Leben, das kann ich mir gut vorstellen und dafür habe ich Verständnis. Darin sehe ich ja auch einen legitimen Grund, die eigene Sterbephase zu verkürzen. Menschen können an einen Punkt kommen, wo sie nachhaltig und unabweisbar für sich bilanzieren: „Es reicht. Ich will nicht, dass dieses irdische Leben hier für mich weitergeht." Aber ich denke eben nicht, dass mit dieser Bilanz zugleich jede Hoffnung auf das ewige Leben im Reich Gottes aufgegeben wird. Der evangelische Theologe und

Liederdichter Jochen Klepper, seine jüdische Frau und seine jüdische Tochter waren – so hoffe ich zumindest – bei ihrem gemeinsamen Suizid angesichts des Naziterrors gegen Jüdinnen und Juden von dieser Auferstehungshoffnung getragen und getröstet.

Das, was uns bei Gott erwartet, ist nicht eine Fortsetzung dessen, was wir hier erleben und erleiden.

Das, was uns bei Gott erwartet, ist nicht eine Fortsetzung dessen, was wir hier erleben und erleiden. So wie Gott der ganz andere ist, ist auch das ewige Leben bei ihm und mit ihm ein ganz anderes. Christinnen und Christen erfahren und bezeugen einen Vorgeschmack von diesem zukünftigen Leben im Reich Gottes. Unser menschliches und zwischenmenschliches Lieben, Glauben und Hoffen entgrenzen unser irdisches Leben. Deshalb ist mir der Satz von Paulus im Hohelied der Liebe so wichtig: „Nun aber **bleiben** Glaube, Hoffnung, Liebe." – „Diese drei" (1. Kor. 13,13) lassen für mich schon hier auf der Erde ein Stückchen Ewigkeit in meinen Beziehungen aufscheinen. Ich hoffe, sie werden bei Gott weitergehen, wenn auch in anderen Formen. Gottes „neuen Himmel" und Gottes „neue Erde" und die Unmittelbarkeit der Erfahrung „Gott bei den Menschen" (vgl. Offenbarung 21,1-4) – das kann ich aber nach meinen jetzigen Vorstellungen nicht erleben, wenn ich als ein Tropfen im unendlichen Fluss der Liebe aufgehe. Ich möchte meine Hoffnung auf eine individuelle Auferstehung nicht aufgeben. Auch nicht die schöne Zusicherung Jesu, dass er uns vorausgeht, um uns Wohnungen bei Gott vorzubereiten.

NIKOLAUS SCHNEIDER: Der Begriff „lebenssatt" bringt zum Ausdruck, was man sich selbst für seine eigene Sterbephase wünscht. Aber dass deshalb *alles gut* ist und alle Hoffnungen auf ein Leben in Gottes neuem Himmel und Gottes neuer Erde überflüssig sind, das ist auch für mich nicht nachvollziehbar. Für die Schlussphase meines individuellen Lebens kann lebenssatt bedeuten: Wenn ich bilanzierend auf mein Leben zurückblicke, sage ich Ja zu mir und zu meinem irdischen Leben. Nicht, weil ich aus mir selbst heraus gut war und alles gut und erfolgreich gemacht und gestaltet habe, sondern weil ich darauf vertraue, dass ich auch mit meinen Fehlern und Unzulänglichkeiten bei Gott angenommen bin. Ich kann in der tröstlichen Gewissheit auf meinen Tod zugehen: Gottes Richten über mich und mein Leben werden mich nicht vernichten, sondern: Ich werde durch Gottes Gericht hindurch sozusagen „gut" gemacht.

Dass wir uns trotzdem in der Schlussphase unseres Lebens darum bemühen, Dinge zu ordnen und zu einem Abschluss zu bringen, das ist eine andere Sache. Ich habe es häufig in der Begleitung Sterbender erlebt, dass Menschen schon unter ihrem Empfinden gelitten haben, in ihrem irdischen Leben seien eigentlich noch zu viele Baustellen offen, an denen sie noch arbeiten müssten, aber es nun nicht mehr könnten. Ich finde, das ist schon eine sehr tröstliche und befreiende Botschaft unseres christlichen Glaubens: Wir Menschen müssen uns nicht selbst vollständig in Ordnung bringen. Wir sind nicht unsere Selbsterlöser. So wie wir auch nicht die Erlöser unserer Welt und aller Kreatur sind. In der Hoffnung auf Gottes Reich kann ich mich mit den unvollkommenen Fragmenten meines irdischen Lebens zufriedengeben. Mir wird Erlösung und neue, unzerstörbare Lebensfülle geschenkt. Und auch der ganzen Schöpfung ist Gottes Erlösung verheißen. In diesem Glauben und in dieser Bedeutungsvariante könnten theoretisch alle Menschen in jeder Phase ihres Lebens „lebenssatt" sterben. Aber ich merke an mir selbst und habe es unmissverständlich an Meikes Kampf um ihr irdisches Leben erfahren: Lebenssattheit hat in der Regel auch für Christenmenschen viel mit ihrem Lebensalter zu tun. Meike war nicht „lebenssatt", als ihr bewusst wurde, dass sie sterben muss. Meike hat im jugendlichen Alter von zwanzig Jahren schmerzhafte und ihr Leben massiv beeinträchtigende Therapien erdulden müssen, aber das konnte ihren Lebenswillen und ihre Lebenslust nicht zerstören. So schrieb Meike aus der Krebsstation der Uniklinik Essen in einer Rundmail an ihre zahlreichen Freundinnen und Freunde:

> „Ich muss zum Glück diesen Kampf nicht alleine kämpfen, sondern werde ganz viel gehalten, gestützt und getragen. Gott gehört auch zu den tragenden Händen. (...) Und so bete ich Abend für Abend dafür, dass ich weiter stark bleiben kann, dass ich nicht vergesse, **wie sehr ich dieses Leben liebe,** dass ich gegenüber den Menschen, die mich umgeben, nicht unfair werde, dass ich weiterhin nicht das Gefühl habe, allein zu sein (...) Oft bin ich traurig eingeschlafen und fröhlich, fast schon vergnügt erwacht mit der Gewissheit, dass ich alles, was vor mir liegt, schaffen werde."[18]

Und Meikes letzte schriftliche Äußerung kurz vor ihrem Tod war:

> „Was will ich noch erreichen? Gesundheit, ganz klar, mein Studium wieder aufnehmen und zu Ende führen, mich verlieben und ihn mich liebend machen, eine Familie gründen. (...) Ich will alt werden, Wurzeln pflanzen und sie wachsen sehen. Ich will an Gott glauben als Gott, der mich liebt und schützt. Ich will wieder Spaß haben an Essen und Trinken und Kochen. Ich will, will, will LEBEN!"[19]

---

18 Schneider, Meike: Ich will mein Leben tanzen. © Neukirchener Verlagsgesellschaft mbH, Neukirchen-Vluyn 2009. S. 44.
19 A.a.O., S. 152.

Meike starb trotz ihres Gottvertrauens *nicht* lebenssatt. Das hat ihr Sterben für sie und für uns so schwer gemacht.

WOLFGANG THIELMANN: Frau Schneider, wie haben Sie es erlebt, als Sie Ihre Krebsdiagnose erhielten? Haben Sie *„lebenssatt"* auf ein mögliches Ende geblickt?

ANNE SCHNEIDER: Als ich die Diagnose bekam und mich mit meiner vielleicht unmittelbar bevorstehenden Sterbephase auseinandersetzte, wuchs in mir das Gefühl: Ich bin noch nicht lebenssatt. Ich wollte noch gerne mit Nikolaus eine große, mehrmonatige Italienreise machen, ich wollte noch das erste Kind unserer Tochter Annika erleben und auch gerne noch die Konfirmation der Enkel in Berlin. Aber ich wusste und fühlte zugleich: Mein Sterben-Müssen jetzt im Alter von 65 Jahren ist nicht zu vergleichen mit dem Sterben-Müssen von Meike im Alter von 22 Jahren. Mein bisheriges Leben war schon so reich und so glückserfüllt gewesen, dass in mir im Blick auf mein Schicksal keine Fragen und Zweifel gegenüber Gottes Gerechtigkeit aufkamen.

Und auch heute, vier Jahre später, nachdem wir unsere große Italienreise vor zwei Jahren gemacht haben und nachdem unsere Tochter Annika inzwischen zwei wunderbare Töchter hat, bin ich nicht lebenssatt im Sinne von: Es reicht mir jetzt mit meinem irdischen Leben.

Ich bin immer noch voller Neugier auf die Entwicklung unserer fünf Enkel und möchte sie weiter mit Liebe und Anteilnahme begleiten. Ich will noch so viele Bücher lesen, so viele Filme sehen. Auch interessiert mich die Politik: Wie geht es weiter mit der Großen Koalition? Wie geht es weiter mit Europa? Wann endlich verlieren die rechts-populistischen Parteien in den Mitgliedsländern der EU an Zustimmung? Ich genieße die vielfältigen Begegnungen und Beziehungen mit Freundinnen und Freunden. Und vor allem: Ich genieße jeden Tag neu das Zusammenleben mit Nikolaus. Ich will weiter mit ihm über Gott und die Welt diskutieren, weiter mit ihm reisen, weiter mit ihm Nähe, Zärtlichkeit und Beziehungsglück teilen.

Noch fühle ich keine Lebenssattheit in mir, auch wenn ich nichts Zwingendes mehr machen oder erleben muss, damit sich mein Leben erfüllt. Aber ich lebe einfach immer noch gerne. Ich könnte mir vorstellen, dass das anders wird, wenn die körperlichen Beschwernisse wachsen und ich nicht mehr so richtig beziehungsfähig bin. In den schlimmen Tagen der Chemotherapie habe ich ja eine Ahnung davon bekommen. Das Bild vom „Tod als Erlöser" vom irdischen Leben könnte dann in den Vordergrund rücken. Wahrscheinlich ändern sich dann auch die Bilder und Vorstellungen von dem, was ich an neuem Leben bei Gott erwarte. Da mache ich mir übrigens keinen Druck und fühle keinen Zwang. Ich muss meinen Glauben an solche Bilder nicht krampfhaft festhalten, um mit Gottvertrauen zu leben und zu sterben.

WOLFGANG THIELMANN: Herr Schneider, blicken Sie „lebenssatt" auf ein mögliches Ende ihres irdischen Lebens?

Im Blick auf meine Auferstehungshoffnungen bewegt mich zunehmend eine offene Neugierde.

NIKOLAUS SCHNEIDER: Mir geht's mit meinem Lebensgefühl gegenwärtig so, wie Anne es gerade beschrieben hat. Wenn Anne und ich unseren Tag mit einem ausführlichen Frühstück, dem gemeinsamen Lesen und Reflektieren von „Losung und Lehrtext" (Bibelworte der Herrnhuter Brüdergemeine), dem gemeinsamen Lesen und Diskutieren der Seite 1 der Süddeutschen Zeitung und dem Austauschen unserer Tagesplanungen beginnen, dann bewegt mich jeden Tag neu eine tiefe existenzielle Dankbarkeit für das Geschenk meines irdischen Lebens. Und dann möchte ich, dass dieses Leben noch möglichst lange so weitergeht – trotz mancherlei zunehmender Altersbeschwernisse. Und meine Auferstehungshoffnungen und Erwartungen eines neuen, ewigen Lebens im Reich Gottes führen – noch? – nicht dazu, dass ich um ein baldiges Sterben bete.

Im Blick auf meine Auferstehungshoffnungen bewegt mich zunehmend eine **offene Neugierde.** Wie schon mehrfach erörtert, reichen unsere irdischen Erfahrungen und Begriffe ja nicht aus, um das zukünftige Leben im Reich Gottes angemessen zu beschreiben. Insofern bin ich richtig gespannt. Vor allem darauf, wie sich die Verheißungen, die uns hier trösten, dann verwirklichen: Gerechtigkeit, Friede, dass kein Leid mehr sein wird, keine Krankheit, kein Geschrei, kein Tod. Jetzt in der Schlussphase meines Lebens bewegen mich zunehmend Fragen und Gedanken, die mir bei Dorothee Sölle und ihrem Mann Fulbert Steffensky und bei dem Schweizer Dichter und Pfarrer Kurt Marti begegnet sind. Sie schrieben, dass sie mit zunehmendem Alter den Gedanken an ihre individuelle Auferstehung immer weniger brauchten. Vielleicht ist das die Folge eines erfüllten Lebens. Man kann den Egoismus ablegen, noch mehr und noch Schöneres oder Besseres *für sich* erleben zu wollen. Vielleicht reicht es einem dann doch, wenn Auferstehung für mich selbst heißt: Ich fließe als ein Tropfen in den Strom der Liebe Gottes hinein.

Fulbert Steffensky gibt uns aber zu bedenken, dass er im Blick auf alles Sterben zur Unzeit – auf die Kinder, die in Afrika verhungern, auf die Kinder, die in Krebskliniken sterben, auf die Gefolterten, die da in Kellern in Syrien sterben – die biblische Vision von dem neuen Himmel und der neuen Erde Gottes nicht aufgeben kann. Um der Gerechtigkeit Gottes willen. Und trotz meines wachsenden Verständnisses für eine überindividuelle Auferstehungshoffnung merke ich aber unabhängig von der Frage nach der Gerechtigkeit Gottes: Ich hänge an den biblischen Visionen von einer Auferstehung meiner individuellen Identität. Im ewigen Leben brauche ich kein Haus mit Pool. Wichtig sind mir Begegnungen und Beziehungen. Daran denke ich, wenn ich lese, dass Gott dann unter uns Menschen wohnen wird. Ich werde also eine direkte, unmittelbare Beziehung zu Gott haben. Ich werde ihn erkennen. Und ich bin gespannt darauf, die Beziehung zu Meike neu aufnehmen zu können. Und ich würde gern noch ein bisschen mit Karl Barth streiten oder mit Dietrich Bonhoeffer. Bleibende, von Glaube, Hoffnung und Liebe getragene Beziehungen – das fände ich schön, das ersehne und erhoffe ich mir nach meinem Tod.

WOLFGANG THIELMANN: Gehen wir noch einmal zu meiner Ausgangsfrage in diesem Kapitel zurück: *Ist der Tod das Ende des Lebens?* Welche Konsequenzen haben Ihre Antworten für die Frage nach der Sterbehilfe?

ANNE SCHNEIDER: Für mich ist hier die Einsicht von Paulus wichtig, dass wir die Elendsten unter allen sind, wenn wir nicht unser endliches irdisches Leben von dem ewigen Leben im Reich Gottes entgrenzt wissen. Das heißt: Wenn ich im Blick auf das Sterben mit dem „Gott des Lebens" gegen eine aktive Verkürzung der Sterbephase argumentiere, dann ist es mir theologisch zu eng, den Gott des Lebens allein mit dem irdischen Leben zu verbinden.

„Denn ich bin gewiss, dass weder Tod noch Leben, [...] uns scheiden kann von der Liebe Gottes, die in Christus Jesus ist."[20] Diese biblische Gewissheit aus dem Römerbrief bringt meine Einstellung zu Leben und Sterben – und eben auch

---

20 Römer 8,38 f.

zur Selbsttötung – pointiert zur Geltung: Auch eine dankbare selbstbestimmte Rückgabe des irdischen Lebens an Gott kann und muss mich nicht von der Liebe Gottes trennen. Mich trägt die Gewissheit, dass mein Tod nicht mein absolutes Ende und nicht die Auslöschung meiner Gottesbeziehung ist. In Verantwortung vor Gott und vor Menschen, die ich liebe, fühle ich mich deshalb auch frei, unter bestimmten Umständen meine Sterbephase aktiv zu verkürzen.

NIKOLAUS SCHNEIDER: Meine Einstellung zum Leben, zum Sterben und zum Tod verdichtet sich in der biblischen Gewissheit. „Leben wir, so leben wir dem Herrn; sterben wir, so sterben wir dem Herrn. Darum: wir leben oder sterben, so sind wir des Herrn."[21]

Ich denke: Ein Mensch gehört sich mit seinem Leben und mit seinem Sterben nicht selbst. Er oder sie gehört letztendlich Gott, der alles Leben geschaffen hat. Der uns Menschen unser unvollkommenes und endliches irdisches Leben geschenkt hat. Und der uns Menschen durch Jesu Leben, Sterben und Auferstehen einen Vorgeschmack von ewigem Leben wahrnehmen lässt. Die uns in der Bibel zugesprochene „Gott-Ebenbildlichkeit" ruft uns Menschen in die Verantwortung für uns, für unsere Mitmenschen, für die Welt und eben auch für die Gestaltung von lebensfreundlichen und menschenwürdigen Sterbeprozessen. Darin stimme ich mit Anne überein. Aber zugleich prägt mich die Überzeugung: Wir Menschen sollen das Geschenk des Lebens nicht eigenmächtig durch einen Suizid an Gott zurückgeben.

---

21 Römer 14,8.

WOLFGANG THIELMANN: *Was ist uns der Tod? Lehrmeister oder Feind des Lebens?* – das ist die Überschrift für dieses Kapitel. Ist es möglich, dass der Tod beides zugleich sein kann? Dass wir also ein „und" statt des „oder" in die Frage setzen können?

ANNE SCHNEIDER: Ich meine schon, dass der Tod uns Lehrmeister und Feind des Lebens zugleich sein kann. Ich habe das bei Meikes Sterben und Tod so erlebt.

Der Tod fragt ja nicht danach, ob Menschen alt und lebenssatt sind. Und auch nicht danach, ob andere Menschen den sterbenden Menschen für ihr Lebens- und Beziehungsglück brauchen. Am Tag ihrer Diagnose „Leukämie" schrieb Meike in ihr Tagebuch:

> „Wut empfinde ich auch. Diese Krankheit versucht mir mein Leben zu nehmen, das macht mich sehr wütend. Ich werde mich festkrallen, es mir nicht nehmen lassen. Immer noch glaube ich an Gott, natürlich. Das hier ist weder Strafe noch Prüfung. Gott ist bei mir, leidet mit mir und lässt mich nicht allein, da bin ich mir ganz sicher."[22]

Auch Nikolaus und ich sahen und sehen Meikes Krankheit und Sterben nicht als Strafe oder Prüfung für sie oder für uns. Wir sahen den Tod für Meike als Feind ihres Lebens. Und wir sehen Meikes Tod *zugleich* als Lehrmeister für unser Leben. Meikes Tod hat uns ganz existenziell gelehrt, dass es auf die Fragen *„Wo ist Gott?"* und *„Warum hat Gott das zugelassen?"* keine eindeutigen und widerspruchsfreien Antworten gibt. Weder die biblischen Antwortversuche noch alle nachgeordneten theologischen Abhandlungen haben es vermocht, diese „Theodizee-Frage", also die Frage nach Gottes Liebe, Macht und Ge-

---

22 Schneider, Meike: Ich will mein Leben tanzen. © Neukirchener Verlagsgesellschaft mbH, Neukirchen 2009. S. 16.

rechtigkeit angesichts eines qualvollen oder vorzeitigen Todes geliebter Menschen zum Schweigen zu bringen. Meikes Tod hat uns gelehrt: In Empathie mit Menschen, die um einen geliebten Verstorbenen trauern, ist es wenig hilfreich, ihnen theologisch-dogmatische Antworten auf die Theodizee-Frage zu geben. Das Bekennen und das Bezeugen, dass Gottvertrauen auch mit offenen Fragen angesichts des Todes möglich ist, hilft Trauernden und Tröstenden mehr und nachhaltiger.

NIKOLAUS SCHNEIDER: Auch in mir verstummen diese Fragen nicht. Weder die ganz grundsätzliche Theodizee-Frage, der sich jede „Theologie nach Auschwitz" stellen muss. Noch mein persönliches Fragen, das sich immer noch und immer wieder im Nachsinnen über das zu frühe Sterben von Meike verdichtet. Meikes Tod hat auch mich gelehrt, für beide Fragen keine allgemeingültigen und endgültigen, also keine dogmatisch-zeitlosen Antworten mehr zu suchen. Ich lebe, glaube und predige hier grundsätzlich als *Fragender* – in immer neuer Auseinandersetzung mit biblischen Antworten und mit meinen persönlichen Antwortversuchen.

Wie kann ich leben und sterben in der Gewissheit: In all meinen Leiderfahrungen bin ich aufgehoben und geborgen in Gottes Liebe – auch angesichts des Todes und sogar durch den Tod hindurch? – Das ist für mich eine offene und lebenslange existenzielle Frage.

Den Tod als Teil unseres irdischen Lebens und als Lehrmeister dafür annehmen zu können, ihn auch als *Feind des Lebens* zu ertragen, ohne daran zu zerbrechen, an Sterbebetten und in Todeserfahrungen eine leise Melodie von neuem unverletzlichem Leben in Gottes Ewigkeit erklingen zu hören, das sind für mich heilvolle Gottesbegegnungen, die schon in unserer irdischen Welt möglich sind. Und für diese Gottesbegegnungen brauchen wir keine geschlossenen und widerspruchsfreien theologischen Systeme und Antworten. Für solch heilvolle Gottesbegegnungen brauchen wir ein widerständiges Vertrauen zu Mitmenschen und ein widerständiges Vertrauen zu Gott, die eben auch den offenen Fragen nach Gottes Gerechtigkeit standhalten.

Der persönliche Glaube steht im Kontext einer theologischen Tradition, wie auch das persönliche Leben im Zusammenleben mit anderen geschieht. Welchen Einfluss aber haben einerseits die Gesellschaft, andererseits Kirche und Theologie auf so private, unmittelbare und drängende Fragen nach Leben und Tod?

IV. Welche Rolle spielen Theologie und Kirche in der gesellschaftlichen Debatte über den assistierten Suizid?

WOLFGANG THIELMANN: Herr Schneider, Sie waren 2014 der personifizierte Gewissenskonflikt: Als Vertreter einer gesellschaftlichen Großgruppe, der evangelischen Kirche, hatten Sie deren Nein zum selbst herbeigeführten Tod und zur Tätigkeit von Sterbehilfeorganisationen zu vertreten. Als Liebender und als Partner haben Sie gesagt, Sie würden Ihre Frau in die Schweiz begleiten, wenn sie mithilfe einer Sterbehilfeorganisation ihr Leben selbst beendet.

NIKOLAUS SCHNEIDER: Ja, das war so. Aber ich habe das nicht als einen mich belastenden Gewissenskonflikt empfunden. Für mich war es in ethischen Fragen immer wichtig, zwei unterschiedliche Argumentationsebenen zu unterscheiden: zum einen die theoretisch-normative Ebene, die auch wegweisend für gesetzliche Regelungen ist, und zum anderen die lebenspraktische individualethische Ebene. Die beiden Ebenen stehen zwar nicht beziehungslos nebeneinander, aber sie sind auch nicht in vollkommene Übereinstimmung miteinander zu bringen. In der gesellschaftlichen Debatte über den assistierten Suizid ist es mir wichtig, dass wir die lebensschützende Funktion der gesetzlichen Regelungen nicht unterschätzen – nicht nur im Blick auf das individuelle Leben der Einzelnen, sondern auch für das Wertegerüst einer Gesellschaft, also für ihre ethischen Normen. Für Letzteres brauchen wir klare Aussagen; davon bin ich überzeugt. Die klaren normativen Aussagen der EKD zur Sterbehilfe und zum assistierten Suizid habe ich 2014 mitgetragen. Wir hatten uns in der EKD für „Hilfe *beim* Sterben", aber gegen „Hilfe *zum* Sterben" ausgesprochen: Man muss alles tun, damit Menschen gut sterben können. Sie müssen gut versorgt werden, ihre Schmerzen müssen gelindert werden, sie sollen nicht allein bleiben und ihre Wünsche und Vorstellungen bei der Gestaltung ihrer Sterbephase sind zu berücksichtigen. Aber niemand soll ermutigt oder gar gedrängt werden, Hand an sich zu legen.

Zu dieser Position stand und stehe ich auch persönlich. „Hilfe *beim* Sterben" statt „Hilfe *zum* Sterben" gesellschaftspolitisch zu regeln und zu organisieren – das markiert für mich eine der Grenzen dessen, was Menschen tun sollen und was Menschen nicht tun sollen. Und zwar unabhängig von ihrer religiösen und weltanschaulichen Beheimatung. Das gesellschaftspolitische Signal, das die normative Position der EKD im Blick auf die Ablehnung von Suizid und Suizid-Assistenz aussendet, ist ja auch angekommen: Der Ausbau von Palliativ-, also Schmerz-linderungsmedizin hat einen deutlichen Schub bekommen. Ausbau und Finanzierung von Hospizen sind vorangekommen. Dadurch wurde deutlich: Das kirchliche Nein zum Tod durch die eigene Hand ist keine Position der Unbarmherzigkeit nach der Devise: Hauptsache, wir halten Normen hoch; wie die Leute damit klarkommen, ist uns egal. Wir wollten im Blick auf „Hilfe *zum* Sterben" erkennbar auch eine Position der Fürsorge und eines empathischen Mitgehens einnehmen. Also klare Normen auf der einen Seite, aber auf der anderen Seite unser wahrnehmbarer Einsatz dafür, dass Menschen unter diesen normativen Bedingungen gut sterben können.

Dabei ist zu beachten: Von der normativen Position muss die jeweils konkrete Anwendung der Norm unterschieden werden. Jedes individuelle Leben ist so einmalig und einzigartig und das menschliche Leben insgesamt ist so vielfältig und vielgestaltig, dass man aus Normen keine Kasuistik, also kein System zum richtigen Verhalten in allen Lebenslagen entwickeln kann. In der konkreten praktischen Anwendung von Normen muss der Respekt vor den individuellen Wünschen, Gefühlen, Empfindungen und Wertentscheidungen eines Menschen in einer konkreten Situation zum Tragen kommen. Das gelebte Leben geht nicht in einer klaren und widerspruchsfreien Umsetzung von Normen auf.

Ich habe Respekt, wenn Menschen für sich sagen: Ich will auf Therapien verzichten. Etwa auf eine Chemotherapie oder auf künstliche Ernährung. Oder in bestimmten Situationen auf alle weiteren Versuche einer Wiederbelebung. Es gibt in unserer hoch entwickelten Medizin Geräte und Therapien, die ein menschliches Leben in einem *fragwürdigen* Zustand erhalten. Fragwürdig, weil sich Menschen mit Recht fragen: Wird mein Sterben nicht zwanghaft aufgehalten? Hat mein Leben in diesem Zustand für mich noch Sinn und Würde? Wenn Menschen das für sich verneinen und dann entscheiden, dass sie auf eine Lebenserhaltung und Lebensverlängerung verzichten, möchte ich ihre Entscheidung respektieren, auch wenn man darin eine *passive* Form der Selbsttötung sehen kann. Denn eigentlich sagen sie doch: Alles spricht dafür, dass mein Sterben ansteht. Und ich bin bereit dazu!

Für manche Menschen – auch für Anne – ist es darüber hinaus auch theologisch und ethisch ein denkbarer Schritt, nicht nur *„passiv"* auf eine Therapie zu verzichten oder sie abzubrechen, sondern *„aktiv"* ein Medikament zu nehmen, das den Tod herbeiführt. Auch wenn ich Annes Position respektiere, liegt darin für mich eine Tabugrenze. Für mich kann es richtig sein, dem Sterben seinen Lauf zu lassen und den Sterbenden davon zu entlasten, dass er noch weitere medizinische Behandlungen über sich ergehen lassen muss, um sein Leben zu verlängern. Aber eine *aktive* Beendigung meines Lebens bzw. eine *aktive* Suizidassistenz kann ich mit meinen Werten und Normen nicht vereinbaren.

Allerdings könnte ich es schon mit meinen Werten und Normen vereinbaren, Anne in die Schweiz zu begleiten, wenn sie entscheidet, mithilfe einer Sterbehilfeorganisation ihr Leben selbst zu beenden. Denn die Liebe zu meiner Frau geht vor! Ich könnte ihr ohne Gewissenskonflikte bei ihrem Sterben die Hand halten. Und nach einer 50-jährigen Liebes- und Lebensbeziehung mit ihr weiß ich: Anne würde eine solch schwerwiegende Entscheidung nicht leichtfertig, sondern im Gespräch mit Gott und den ihr wichtigen Menschen treffen. Und sie würde ihr irdisches Leben nicht grundlos wegwerfen.

ANNE SCHNEIDER: Nikolaus hatte in seinen Synoden-Berichten als rheinischer Präses schon vor etwa zehn Jahren zu den theologisch-ethischen Fragen von aktiver Sterbehilfe und Suizidbegleitung Stellung genommen. Der Tenor seiner Berichte lautete schon damals: Jemanden bei seinem selbst gewählten Sterben zu begleiten, kann ein Akt der Liebe sein.

Schon aus dem damaligen Votum von Nikolaus habe ich gehört: „Gott ist die Liebe, und wer in der Liebe bleibt, der bleibt in Gott." Für Nikolaus wäre es ein Akt der Liebe, wenn er mich beim Suizid begleitet, auch wenn er den Suizid grundsätzlich ablehnt. Für diese Liebeserklärung war und bin ich Nikolaus immer neu dankbar.

2014 war das Jahr, in dem die EKD die *Sterbehilfe* zu einem medialen Schwerpunktthema für den Ratsvorsitzenden gemacht hatte. Und der war Nikolaus seit 2010. Damals verdichtete sich die politische Absicht des Gesundheitsministers Hermann Gröhe, für die BRD eine neue gesetzliche Regelung zur Sterbehilfe zu finden: Hermann Gröhe wünschte eine rechtliche Verschärfung, die nicht nur die kommerzielle, sondern auch die organisierte Sterbehilfe unmöglich machte. Die EKD und auch Nikolaus unterstützten dieses Vorhaben. Nikolaus plante, zusammen mit Hermann Gröhe ein Buch zur *„Sterbehilfe in Deutschland"* herauszugeben, in dem beide ihr „Nein" zur rechtlichen Freigabe einer organisierten ärztlichen Suizid-Assistenz erläutern und begründen wollten.[23]

Einige theologisch-ethische Positionen zur Sterbehilfe waren zwischen Nikolaus und mir schon seit Jahren kontrovers. Und auch im Blick auf die geplante Verschärfung der gesetzlichen Regelung war ich nicht seiner Meinung. Die bestehende politische Regelung fand ich gut, weil sie nur die kommerziellen Sterbehilfeorganisationen verbot. Zu dem neuen, von Hermann Gröhe und Nikolaus favorisierten Gesetzentwurf gab es Gegenvorstellungen, die mir näher waren. Im Oktober 2014 etwa legten

---

23 Das Buch erschien dann im Juli 2015: Hermann Gröhe und Nikolaus Schneider im Gespräch mit Evelyn Finger: Und wenn ich nicht mehr leben möchte? Sterbehilfe in Deutschland. © adeo Verlag, Aßlar 2015.

der CDU-Politiker und Pfarrer Peter Hintze und Karl Lauterbach von der SPD einen Gesetzentwurf vor, der Erwachsenen unter bestimmten Bedingungen eine ärztlich assistierte Selbsttötung ermöglichte. Von der niederländischen Regelung unterschied er sich dadurch, dass nur der Betroffene selbst seinem Leben ein Ende setzen konnte, aber nicht der Arzt mit einer Todesspritze. Aus meiner Sicht war das ein bedenkenswerter Gesetzentwurf. Ich fand auch das Schweizer Modell richtig und hätte mir eine ähnliche Regelung in Deutschland gewünscht.

Nikolaus' und meine langjährige Debatte bekam dann durch meine Krebsdiagnose im Sommer 2014 eine ganz neue Brisanz, weil unsere kontroversen Positionen in dieser konkreten politischen Situation öffentlich wurden. Und es sah so aus, als würden wir mit unserer Kontroverse die klare normative Position der EKD durchkreuzen, die Nikolaus zu vertreten hatte und auch vertreten wollte.

WOLFGANG THIELMANN: Wie hat die EKD 2014 darauf reagiert, dass die Frau des Ratsvorsitzenden öffentlich gegen die gemeinsame Linie von EKD und Gesundheitsminister votierte?

ANNE SCHNEIDER: Einige Leute in der EKD – und auch Nikolaus – waren wohl nicht gerade erfreut. Aber ich hatte diesen Konflikt damals nicht bewusst gesucht. Da bin ich etwas blauäugig hineingeraten. Nachdem Nikolaus seinen Rücktritt vom Ratsvorsitz öffentlich mit meiner Krebsdiagnose begründet hatte, baten uns Ulrike Posche und Uli Hauser vom „Stern" und Evelyn Finger von der „Zeit" im Juli und August 2014 um ein Interview – in einer Zeit, als noch nicht klar war, ob und wie meine aggressiven Krebszellen auf die Chemotherapie reagieren würden. Wir saßen da jeweils bestimmt zweieinhalb, drei Stunden zusammen und sprachen über unser Leben und unseren Glauben angesichts meiner akuten lebensbedrohlichen Erkrankung. Ein Aspekt war dann in beiden Interviews unsere noch ungebrochene Freude an kontroversen theologischen Debatten und eben auch unsere kontroverse Einstellung zur laufenden gesellschaftspolitischen Sterbehilfedebatte. Als ich gefragt wurde, was meine eigene Position jetzt für mich konkret bedeutet, habe ich gesagt: „Ich hoffe, wenn ich in den kommenden Monaten möglicherweise an den Punkt komme, sterben zu wollen, dass mein Mann mich dann in die Schweiz begleitet. Dass er neben mir sitzt und meine Hand hält, wenn ich das Gift trinke. Auch wenn es seiner theologisch-ethischen Überzeugung widerspricht. Ich hoffe, dass dann seine Liebe stärker ist als seine theologisch-ethische Norm."

NIKOLAUS SCHNEIDER: Und ich habe geantwortet: „Das wäre zwar völlig gegen meine Überzeugung und ich würde es sicher noch mit Anne diskutieren. Aber am Ende würde ich sie wohl gegen meine Überzeugung aus Liebe begleiten."

Wenn es ans Sterben geht, soll ein Mensch nicht allein sein. Und ich will ihn auch nicht seinem Schicksal überlassen, weil ich nicht damit einverstanden bin, wie er sein Leben beendet. Die Frage nach dem ethischen oder religiösen Grundverständnis muss ich manchmal zurückstellen – um des Menschen und um der Liebe willen.

ANNE SCHNEIDER: Wir reflektierten in den beiden Interviews über Lebenssinn, Lebensfreude und Lebenszuversicht angesichts eines möglicherweise nahen Todes. Und wir haben nicht bedacht, dass sich die öffentliche Aufmerksamkeit dann auf unsere Sätze zu einem assistierten Suizid konzentrieren würde.

WOLFGANG THIELMANN: In den Interviews hat der Ratsvorsitzende die klare Position der EKD vertreten, aber zugleich auch die Kontroverse um das Thema verkörpert.

ANNE SCHNEIDER: Die Interviews erschienen im Juli und August. Nikolaus war noch Ratsvorsitzender, seine Rücktrittserklärung wurde erst mit der EKD-Synode im November 2014 wirksam. Deshalb kam von der EKD die Bitte, dass wir beide uns öffentlich aus dieser kontroversen Diskussion heraushalten sollten, bis Nikolaus nicht mehr Ratsvorsitzender ist. Man fürchtete in der EKD, es verwirre die Leute, wenn der Ratsvorsitzende persönlich anders handelt, als es seiner theologisch-theoretischen Norm entspricht.

WOLFGANG THIELMANN: Ab November 2014 haben Sie beide sich dann aber durchaus wieder öffentlich eingemischt, in weiteren Interviews und Talkshows zum Beispiel.

ANNE SCHNEIDER: Ja, und ich hatte für mich den Anspruch, deutlich zu machen: Meine Position ist nicht bloß emotional begründet. Ich war und bin etwas allergisch gegen die Rollenverteilung: Er, Nikolaus, ist der Überlegte und der theologisch Fundierte. Ich, die krebskranke Frau, bin die Emotionale mit einer für Theologie und Kirche untauglichen Individualethik. Deshalb habe ich immer wieder versucht deutlich zu machen: Auch meine Position ist rational durchdacht und theologisch gegründet. Mein Gottes- und mein Menschenbild unterscheiden sich in einigen Aspekten und in einigen Konsequenzen von Nikolaus' Gottes- und Menschenbild. Ich plädiere für die rechtliche Möglichkeit eines ärztlich assistierten Suizids völlig unabhängig von meiner Krebserkrankung und von dem, was ich selber vielleicht tun oder vielleicht nicht tun will. Christinnen und Christen sollen keine Höllenstrafen befürchten müssen, wenn sie sich zum Suizid entscheiden. Sie sollen ihr Leben in einer menschenwürdigen Weise beenden können auch im Zutrauen: Gott kommt mir entgegen. Ich lebe und glaube in der Gewissheit: Um Gottes Willen müssen wir Menschen uns nicht am irdischen Leben festklammern und müssen wir andere Menschen nicht unter allen Umständen von der Sinnhaftigkeit ihres irdischen Lebens überzeugen. Der Tod ist doch für Christenmenschen – wie im vorhergehenden Kapitel schon ausgeführt – nicht nur ein grausamer Feind, sondern auch eine offene Tür in das uns verheißene unzerstörbare Leben bei Gott.

Ich wünschte mir damals und wünsche mir heute von meiner Kirche etwas mehr Mut zur protestantischen Freiheit und zur Vielstimmigkeit in ethischen Fragen, auch wenn über politische Regelungen zum assistierten Suizid gestritten wird.

Es ging und geht bei der rechtlichen Eingrenzung der Suizidassistenz um die Wahrung der Menschenwürde für alle Menschen, unabhängig von ihrer religiösen oder weltanschaulichen Prägung.

NIKOLAUS SCHNEIDER: Und ich hatte für mich den Anspruch, in unserer Kontroverse deutlich zu machen: Für unsere Kirche ist die – etwa auch von Bonhoeffer und Barth vertretene – theologische Norm unverzichtbar, dass es dem Menschen nicht zusteht, sein Leben selbst zu beenden. Dass ich grundsätzlich zu der Position meiner Kirche stehe: Selbsttötung darf nicht zum normalen Ausweg werden. Das Extreme ist nicht das Normale. Wir können nicht so tun, als wäre es normal und wünschenswert, sich selbst zu töten. Selbsttötung und auch die Beihilfe dazu müssen die Ausnahme bleiben. Es ging und geht bei der rechtlichen Eingrenzung der Suizidassistenz nicht um Lobbyismus für kirchliche Normen und Interessen, sondern um die Wahrung der Menschenwürde für alle Menschen, unabhängig von ihrer religiösen oder weltanschaulichen Prägung. Nach meiner Einschätzung wird die Würde eines Menschen durch kommerzielle und organisierte Sterbehilfe beschädigt. Denn

Suizid-Assistenz ist für mich nur in einem geschützten Raum des Vertrauens sinnvoll und verantwortbar. Dieser Vertrauensraum sollte für Sterbende und für die sie begleitenden Menschen auch in der neuen vom Gesundheitsminister Hermann Gröhe initiierten gesetzlichen Regelung erhalten und geschützt bleiben. Ein Raum des Vertrauens aber verträgt meines Erachtens keine anonyme, organisierte Form aktiver Sterbehilfe.

WOLFGANG THIELMANN: Im November 2015 wurde das „Gesetz zur Strafbarkeit der geschäftsmäßigen Förderung der Selbsttötung" als Paragraf 217 ins Strafgesetz aufgenommen. Der von Frau Schneider favorisierte Gesetzesvorschlag von Peter Hintze und Karl Lauterbach erzielte keine Mehrheit, sondern es wurde der von Hermann Gröhe und Nikolaus Schneider favorisierte Vorschlag der Abgeordneten Peter Brand (CDU) und Kerstin Griese (SPD) verabschiedet. Seitdem steht auch die „geschäftsmäßige" Sterbehilfe unter Strafe. Aber inzwischen liegt eine Reihe Klagen gegen die Neuregelung von 2015 beim Bundesverfassungsgericht.

ANNE SCHNEIDER: Das Gesetz von 2015 hat in den vergangenen drei Jahren einige Sterbenskranke mit ihren Angehörigen und einige Ärzte in Schwierigkeiten gebracht. Schon in der Diskussion vor der Verabschiedung des Paragraphen 217 hatten sich Kritiker zu Wort gemeldet: Ab wann ist Sterbehilfe denn geschäftsmäßig? Kerstin Griese sagte, es darf nicht mehr als drei Fälle pro Jahr geben. Das mag für einen praktischen Arzt auf dem Land eine angemessene Zahl sein. Aber ein Arzt, der in der Onkologie arbeitet, steht vor viel mehr Fällen. Man hätte die alte Regelung, die nur die kommerzielle Sterbehilfe verbot, bestehen lassen können. Wir haben ganz gut damit gelebt.

Und das andere, was du, Nikolaus, oben angesprochen hast, das sanfte Auslaufenlassen des Lebens in der Sterbephase durch Verweigerung weiterer medizinischer Eingriffe, finde ich richtig und gut. Aber das erinnert mich auch etwas an die Diskussion um die Geburtenregelung in den Sechzigerjahren. Die katholische Kirche sagte: Die Frauen dürfen die Natur berücksichtigen. Sie können ihre fruchtbaren und unfruchtbaren Tage ermitteln und damit sanft verhüten, aber nicht chemisch mit der Pille oder gewaltsam mit der Spirale. So ähnlich scheint mir das mit dem sanften Auslaufen des Lebens zu sein: Nach Gottes Wort und Willen dürfte ich auf Behandlungen verzichten, dürfte ich das Essen und Trinken einstellen – das heißt heute Sterbefasten –, aber die Medikamente zum Sterben wären mir verboten.

Warum haben Theologie und Kirchen dieses „Sündenbewusstsein" bei einer selbstbestimmten aktiven Verkürzung des Lebens, aber nicht bei der Verlängerung? Um das Sterben zu verhindern, ist es offensichtlich gestattet, dass ich Gott und/oder der Natur ins Handwerk pfusche, mit Maschinen und Infusionen und künstlicher Ernährung. Aber um mein Sterben in die Wege zu leiten, soll ich Gott und/oder der Natur ihren Lauf lassen.

Ich lebe und glaube nicht mit einem Gottesbild, nach dem Gott im Himmel für jeden lebenden Menschen auf der Erde ein bestimmtes Sterbedatum geplant hat, und wenn man sich selbst tötet, verhindert und zerstört man Gottes guten Plan. Ich kann mir ja auch nicht vorstellen, dass Gott in seinem guten Plan vorsieht, dass neugeborene Kinder im Krieg von einer Bombe zerfetzt werden. Oder dass unzählige Kinder an Hunger sterben. Nach meinem Gottesbild pfuschen wir Menschen Gott dann ins Handwerk, wenn wir dieser Lebenszerstörung von Kindern untätig zusehen. Und nicht, wenn ich am Ende eines erfüllten Lebens im Reinen mit mir und in Dankbarkeit gegenüber Gott Medikamente nehme, um mein Sterben zu beschleunigen.

Vielen Gedanken und Ausführungen von Nikolaus über lebensdienliche Gottes- und Menschenbilder stimme ich zu. Aber seine Konsequenzen bei der Beantwortung der Frage *„Welche Rolle spielen Theologie und Kirche in der gesellschaftlichen Debatte über den assistierten Suizid?"* scheinen mir auch und zu sehr von einem kirchenleitenden normativen Konsensbestreben geprägt. Nach meiner Überzeugung brauchen wir gerade im Blick auf ethische Fragen und Entscheidungen in unserer Kirche weniger die klaren und eindeutigen theologischen Normen. Sondern wir brauchen innerhalb und außerhalb unserer Kirche mehr Mut zur Ambiguität, also zur Uneindeutigkeit, Vielfalt, Vagheit und Unentscheidbarkeit. Das galt und gilt für sexualethische und familienethische Fragen, das galt und gilt für die Fragen nach dem Beginn des menschlichen Lebens, nach der In-vitro-Fertilisation und der pränatalen Diagnostik. Und das galt und gilt eben auch für die Fragen einer menschenfreundlichen Sterbehilfe.

Und Mut zur Ambiguität verlangt nach einem menschenfreundlichen Verhältnis zwischen individueller Freiheit und theologisch-kirchlich legitimierter staatlicher Bevormundung.

Es ging in der Debatte um den assistierten Suizid ja nicht darum, dass der Staat die aktive Tötung von Menschen fördern sollte, wenn sie zu alt, zu krank und für unser Gesundheitssystem zu teuer sind. Sondern es ging darum, dass der Staat es nicht verhindert und ächtet, wenn einzelne Menschen selber zur Erkenntnis gekommen sind: Ich möchte mein irdisches Leben beenden. Ich möchte das nicht auf eine für mich und für andere qualvollen Weise tun, sondern möchte dabei ärztliche Beratung und Assistenz in Anspruch nehmen.

Ich hatte zudem den Eindruck, dass bei der Sterbehilfe-Debatte die evangelische Kirche froh war, in einer ethischen Frage mit ihrer katholischen Schwesterkirche übereinzustimmen. Von katholischen Bischöfen kommt ja öfter der Vorwurf, durch einen wachsenden ethischen Dissens bringe die evangelische Kirche die Ökumene auseinander. Ich halte es auch für sinnvoll, wenn christliche Kirchen in unserer säkularen und pluralen Gesellschaft so oft wie möglich an einem Strang ziehen. Aber unsere Sehnsucht nach mehr Konsens in der Ökumene darf meiner Überzeugung nach nicht dazu führen, dass auch unsere protestantischen Kirchen dafür plädieren, eine individuelle Freiheit um einer klaren theologischen Norm willen durch gesetzliche Regelungen zu beschneiden. Vor allem wenn diese individuelle Freiheit keine nachteiligen Auswirkungen auf die Freiheit anderer Menschen hat.

Bei Nikolaus, bei Hermann Gröhe und bei anderen leitenden Geistlichen unserer Kirchen sah ich im Blick auf ihr Votum „Eine staatliche Behörde darf niemals Helfershelfer einer Selbsttötung werden."[24] auch Angst vor einer ungeregelten individuellen Freiheit am Lebensende: Wenn wir bei der Sterbehilfe politische und theologische Freiheit einräumen, dann will das nachher jeder, die eine bei Liebeskummer und der andere hat einfach keine Lust mehr zu leben, und dann zerbröselt die ganze Ehrfurcht vor dem Leben. Diese Angst hätte ich nicht.

NIKOLAUS SCHNEIDER: Hier muss ich klar und deutlich sagen: Angst war es nicht, die die EKD zu ihrer Haltung in der gesellschaftlichen Debatte über den assistierten Suizid veranlasst hat. Es gibt für mich auch nicht den von Anne konstruierten Gegensatz zwischen Freiheit und gesetzlicher Regelung. Freiheit ist immer Freiheit in einem definierten Rahmen. Sonst ergibt der Begriff der Freiheit keinen Sinn. Die konkrete Frage lautet: Wie eng muss ich den gesetzlichen Rahmen für individuelle Freiheit definieren, damit einzelne Menschen und der

---

24 Vgl. Müller-Neuhof, Jost und Woratschka, Rainer: Darf der Staat beim Sterben helfen?, in: Der Tagesspiegel, Berlin, 4. Februar 2018.

Zusammenhalt in unserer Gesellschaft keinen Schaden nehmen? Insofern darf man Freiheit und Gesetz einander nicht entgegenstellen. Das Gesetz gibt der Freiheit vielmehr ein menschenfreundliches und lebensdienliches Handlungsfeld.

Uns hat in der EKD damals im Jahr 2014 auch keine ökumenische Rücksicht bestimmt. Etwa nach dem Motto: Wie können wir wieder einmal völlig mit den Katholiken übereinstimmen? So taktisch dachte keiner von uns. Sondern es ging uns darum, einer angemessenen Gesetzesvorlage zur Sterbehilfe den Weg zu bahnen. Einer Gesetzesvorlage, die mit unseren theologischen und kirchlichen Menschenbildern, Gottesvorstellungen und Normen kompatibel ist.

WOLFGANG THIELMANN: Sie beide betonen Ihr Vertrauen auf Menschen und auf deren Kompetenz, ihr Leben selber zu deuten und auch die Frage nach dem Ende selber zu entscheiden. Aber Sie beschreiben den Freiheitsraum unterschiedlich. Er muss definiert werden. Wo gewinnen wir Maßstäbe dafür?

NIKOLAUS SCHNEIDER: Für mich gilt: Für die Freiheitsräume der Menschen ist maßgeblich, ob sie Leben gefährden oder ob sie dem Leben dienen. Und auch für das technisch-wissenschaftliche Eingreifen von Menschen in den Lauf der Natur ist für mich entscheidend, wem und wozu dieses Eingreifen dient. Es ist für mich ein ganz wichtiger Entscheidungsmaßstab, ob Eingriffe dazu dienen, Leben hervorzubringen oder zu stärken oder ob sie dazu dienen, Leben zu beenden. Von daher finde ich zum Beispiel In-vitro-Fertilisation, also künstliche Befruchtung, etwas Wunderbares für Paare, die sonst kein Kind bekommen würden. Sie dient bei ihnen dem Leben.

Ich identifiziere den Willen Gottes nicht mit den „natürlichen Gegebenheiten". Und ich habe kein romantisches Naturbild. Wir Menschen greifen ständig in die Natur ein.

Technisch-wissenschaftliche Zivilisation bedeutet in gewisser Weise, dass der Mensch Mitgestalter, Mitentwickler der Welt geworden ist. Aber gerade weil das so ist, müssen wir um Gottes und der Menschen willen genau hinschauen, in welcher Weise wir uns an der Entwicklung der Welt beteiligen. Unser Vorgehen muss dem Leben dienen. Von daher macht es für mich einen ethischen Unterschied, ob Frauen etwa bei der Schwangerschaftsverhütung verhindern, dass ein neues Leben entsteht, oder ob sie eine Schwangerschaft abbrechen und ein neues Leben beenden.

Ich lege Wert auf solche ethischen Unterschiede. Das gilt, auch wenn die Grenzen sehr nahe beieinander sein können, wenn man in die Details geht und auch wenn sie manchmal Interpretationssache sind. Etwa bei der Frage der Spirale: Verhindert sie eine Schwangerschaft und ein neues Leben oder beendet sie eine Schwangerschaft und ein neues Leben?

Auch die Angst, dass alle unsere Werte und Normen, die der Ehrfurcht vor dem Leben entspringen, eine schiefe Ebene hinuntergleiten, stand nicht im Vordergrund der damaligen EKD-Argumentation für die Einschränkung des Freiheitsraumes bei der Sterbehilfe. Niemand im Rat oder in der Kirchenkonferenz hat gesagt: Wenn wir an einer Stelle nachgeben, gerät alles ins Rutschen. Trotzdem nehme ich das Argument ernst. Nicht im Blick auf die Schweiz. Aber schon im Blick auf Belgien oder Holland. Da hat es immer weitere Öffnungen für die aktive Sterbehilfe gegeben. Darin liegt, denke ich, auch etwas typisch Menschliches: Bei einer Veränderung der Grenzziehung von Gesetzen taucht nach einer gewissen Zeit die Frage auf: War das schon der Endpunkt für unsere individuellen Freiräume oder sollten wir unsere Gesetze für diesen und jenen Fall noch weiter öffnen? Insofern hat es bei den Debatten 2014 den Rat der EKD und auch mich interessiert, wie die Entwicklung in Holland und in Belgien verlaufen ist. Sie ist für mich durchaus besorgniserregend, in Richtung aktiver Tötung, in Richtung einer Ausweitung der Möglichkeiten für psychisch Kranke, für Demente und für Jugendliche. Für diese Menschen habe ich doch einige Zweifel, wenn von einer selbstbestimmten Entscheidung zum Suizid geredet wird. Und ich befürchte, dass bei ihnen von Angehörigen oder Pflegenden oder vom gesellschaftlichen Klima – bewusst oder unbewusst – ein psychischer Druck erzeugt werden kann, sich gegen ein Weiterleben und für einen schnellen Tod zu entscheiden.

Ich sah und sehe in unserem Land keinen Anlass zu solchen Befürchtungen. Auch habe ich Vertrauen zur Ärzteschaft. Deshalb spielte für mich die Sorge vor der „schiefen Ebene" keine Rolle im Blick auf Deutschland. Doch man darf die Augen nicht davor verschließen, dass wir zum Beispiel im Verbund der Europäischen Union leben.

Es bleibt die Frage nach den Entscheidungen in der Grauzone und wem man sie überlässt oder überträgt. Helfen gesetzliche Vorgaben oder sind sie eine Bürde, die das Leiden der Betroffenen erschwert? Kann man ihnen in anderer Weise Entlastung schaffen? Das Ergebnis, auch das Gesetz, das 2015 verabschiedet wurde, ist das Produkt einer Abwägung. Sollten aber nun Ärzte, die verantwortlich mit der Situation umgehen, über eine Verschlechterung der Situation berichten, ist das ernst zu nehmen. Dann kann es möglicherweise wieder eine neue Debatte geben. Aber das sollten wir abwarten und die Wirkung des neuen Gesetzes eine Zeit lang beobachten: Welche Fälle und wie viele werfen Probleme auf, wie entwickelt sich die Rechtsprechung? Ich nehme für uns in der EKD in Anspruch, dass wir das sehr ernst und überlegt abgewogen haben und dass sich die dann verantwortlichen Menschen in der EKD auch einer Evaluation der Auswirkungen des Gesetzes stellen werden.

ANNE SCHNEIDER: Ich finde es theologisch-ethisch sehr schwierig, für den Freiheitsraum den Maßstab anzulegen, den du, Nikolaus, genannt hast: *Dient er dem Leben?*

Weil es *das* Leben ja konkret nur in der Vielzahl, Vielfalt, Vielstimmigkeit und ganz unterschiedlicher Bedürftigkeit von Lebewesen gibt. Und selbst wenn wir uns hier jetzt auf das Leben von Menschen beschränken und beziehen: Die Verhinderung und die Beendigung einer Schwangerschaft – und damit eines neuen Lebens – kann durchaus dem Leben einer Frau und dem Leben der schon vorhandenen Kinder dienen. Und auch der Suizid eines schwer pflegebedürftigen Familienmitgliedes kann durchaus dem Leben der übrigen Familienmitglieder dienen.

Ein guter italienischer Freund von uns, der waldensische Theologe Paolo Ricca, ist traurig darüber, dass er keine Enkelkinder bekommt. Seine gut ausgebildete und beruflich erfolgreiche Tochter hat das Kinderbekommen verweigert. Und die Statistiken zeigen ihm, dass in Italien und Spanien die Geburtenzahl bei Akademikerinnen dramatisch gesunken ist. Paolo Ricca überlegte im Gespräch mit uns, ob es wirklich *lebensdienlich* war, dass in unseren protestantischen Kirchen Bildung und Emanzipation als Lebensziele auch für Frauen gefordert und gefördert werden und dabei eben auch die Geburtenverhütung. Das, was seine Tochter für sich als *lebensdienlich* entscheidet, nämlich ihre Kinderlosigkeit, das empfindet er für sich als *lebensabträglich*, weil ihm damit die Freude und der Segen von Enkelkindern verweigert werden.

Bei unserer Kontroverse um eine angemessene gesetzliche Regelung zur Sterbehilfe waren und sind Nikolaus und ich uns einig, dass uns die Sterbehilferegelung in Holland und Belgien zu weit geht. Eine solche Regelung, bei der der Arzt auf Verlangen die tödliche Spritze gibt, stand ja in Deutschland auch gar nicht zur Debatte. In allen Gesetzesentwürfen ging es nur darum, die Situation zu gestalten, wenn Menschen entscheiden, dass sie ihr Leben selber beenden möchten: Wie und wann können sie ärztliche Hilfe beanspruchen? Es ging dabei um ärztliche Beratung und um die Verschreibung bzw. Bereitstellung bestimmter Medikamente.

Im Bundestag war die Debatte dann wesentlich von der Frage geprägt: Lässt es sich mit unserem Staatsverständnis und mit unserem Ärztebild vereinbaren, dass ein Mensch aus guten Gründen sein eigenes Leben beendet und dabei die Hilfe von staatlichen Einrichtungen und von Ärzten beanspruchen kann? Strittig war dabei etwa die Frage, ob die Steuerzahler oder die Beitragszahler einer Krankenkasse bei einer ärztlichen Assistenz des Suizids dann letztlich die Selbsttötung von Menschen mitfinanzieren müssen, auch wenn sie einen Suizid grundsätzlich ablehnen. Aber auch Pazifisten müssen mit ihren Steuern unsere militärischen Auslandseinsätze finanzieren. Und Abtreibungsgegner müssen damit leben, dass manche Ärzte, Praxen und Krankenhäuser Abtreibungen durchführen.

Unsere rechtlichen Regelungen beim Schwangerschaftsabbruch könnten meiner Ansicht nach eine Vorbildfunktion für die ärztliche Assistenz bei einem Suizid haben: Die Abtreibung ist rechtswidrig, aber straffrei. Unter bestimmten Umständen und nach einem Beratungsgespräch können Frauen ärztliche Hilfe beanspruchen. So hätte man auch die ärztliche Assistenz der Selbsttötung definieren und organisieren können, und so sah es der Entwurf von Lauterbach und Hinze im Wesentlichen auch vor. Der Staat übt in bestimmten Fällen (Indikationen) keinen Zwang zum Erhalten und Fördern des Lebens aus – weder für die Mutter in den ersten zwölf Wochen ihrer Schwangerschaft noch für einen Menschen, der aus guten Gründen sein eigenes Leben beenden will. Und er lässt ärztliches Handeln für die Betroffenen zu. Mit der Maßgabe: Kein Mensch und im Besonderen auch keine Ärztin und kein Arzt *muss* Abtreibung oder Suizid gut finden und durchführen bzw. assistieren.

WOLFGANG THIELMANN: Ich wende das einmal auf die Positionen der Kirchen an. Die katholische ist überzeugt: Die Kirche muss dem Menschen sagen, was gut ist. Der Mensch findet sozusagen seinen Weg, seine Entscheidung dadurch, dass die Kirche sein Leben deutet. Deswegen stellt sie stärker Regeln auf. Da lag es für sie nahe, die restriktiveren Gesetzentwürfe zu unterstützen. Aber hätte die EKD sich nicht offener positionieren können und sollen?

ANNE SCHNEIDER: Richtig, da liegt für mich ein wesentlicher Unterschied zwischen dem katholischen und dem evangelischen Sendungsbewusstsein. Der Kölner Erzbischof Rainer Maria Woelki hat im Reformationsjubiläumsjahr 2017 in der „Herder-Korrespondenz" eine „Ehrlichkeit der Ökumene" gefordert und beklagt, dass beide Kirchen ethisch nicht mit einer Stimme sprechen. Er geht davon aus, dass Christus, der Herr der Kirche, kirchenleitenden Menschen wie dem Papst oder Bischöfen deutlich macht, wie christliche Menschen heute zu leben und ethisch zu entscheiden haben, auch in Fragen der Sterbehilfe. Nach seiner Vorstellung ist also die Kirche im Besitz einer ethischen Wahrheit für alle.

NIKOLAUS SCHNEIDER: Er hat sehr stringent katholisch argumentiert.

ANNE SCHNEIDER: Ja, das finde ich auch. Für mich war eine der wichtigen Erkenntnisse Martin Luthers: Der einzelne Christ und die einzelne Christin sind im Blick auf ihre Beziehung zu Gott und auf ihr Verständnis von Gottes Wort von der kirchlichen Hierarchie befreit. Der einzelne Christ und die einzelne Christin haben direkten Zugang zu Gottes Wort. Sie können und müssen in eigener Verantwortung das Wort Gottes für das eigene Leben reflektieren und Entscheidungen treffen.

Nun braucht jede lebensdienliche Freiheit auch Bindungen – das hat Nikolaus ja schon eindringlich erläutert. Luther bindet die Freiheit eines Christenmenschen an Gottes Wort. Gottes Wort aber ist in unserem Verständnis ein lebendiges Wort und kein normatives geschriebenes Wort, das auf alle Fragen des Alltags eindeutige Antworten gibt, etwa für Sexualethik, Verhütung, Ehescheidung und für unsere Fragen nach einer menschendienlichen Sterbehilfe.

Mir macht Luthers Freiheitsimpuls deutlich, dass es keine eindeutigen, für alle Zeiten und alle Menschen gültigen, christlichen Antworten auf diese Fragen gibt. Da muss ich auch in meiner Kirche mit Vielstimmigkeit, Uneindeutigkeit, Vagheit und Unentscheidbarkeit leben. Da brauche ich das Vertrauen, dass Menschen, die ihr Leben an Gottes Wort gebunden haben, auch gute Entscheidungen für ihr Leben und Sterben treffen können, wenn sie bestimmte normative Äußerungen ihrer Kirche ablehnen.

WOLFGANG THIELMANN: Wenn jeder für sich entscheidet – ist dann die Kirche nicht überflüssig?

Auch ich bin Kirche, mit meinem Gottesbild und meinen Konsequenzen daraus.

ANNE SCHNEIDER: Natürlich muss die Frage hier kommen; das kenne ich. Und ich muss lächeln. Nach evangelischem Verständnis ist Kirche die Gemeinschaft der Christinnen und Christen. „Kirche" sind nicht nur der Ratsvorsitzende, der Rat oder die Synode der EKD oder die Synoden der Landeskirchen und auch nicht nur synodale Beschlüsse und kirchliche Sprecher. Auch *ich* bin Kirche, mit *meinem* Gottesbild und *meinen* Konsequenzen daraus.

Nach evangelischem Kirchenverständnis existiert Kirche also nicht durch den Bischof oder durch den leitenden Geistlichen, sondern durch die Gemeinschaft der Glaubenden.

Dieser Unterschied führt dazu, dass Kritiker meinen, in der evangelischen Kirche könne jeder machen, was er will. Für mich stellt sich da die Frage: Habe ich Angst vor Vielfalt und Demokratie in der Kirche oder kann ich sie begrüßen und manchmal auch aushalten?

WOLFGANG THIELMANN: Welchen Stellenwert hat die Gemeinschaft der Glaubenden, wenn jeder Einzelne mit seinem Gottesbild selbst entscheidet?

NIKOLAUS SCHNEIDER: Mündigkeit der einzelnen Christenmenschen, Pluralität im theologischen Denken und Vielfalt im ethischen Handeln, das sind für unsere evangelische Kirche positive Begriffe. Schon das Neue Testament ist ja in dieser Hinsicht plural und vielfältig. Kirche zu sein, geht für uns gar nicht anders als in Vielfalt.

Wir wollen und müssen aber auch Verbindlichkeit in unserem Bekennen und im Umgang miteinander organisieren. Sonst zerbröselt unsere Gemeinschaft. Es ist nicht mein Idealbild, dass jeder Christ und jede Christin eine Welt für sich ist und für sich lebt, völlig unabhängig von allen anderen Kirchenmitgliedern, und auch für sich zu letztgültigen Urteilen kommt. Es macht für unsere kirchliche Gemeinschaft schon einen Unterschied, ob ein einzelner Pfarrer oder ein Laie seine Meinung sagt zu einer Frage oder ob eine Synode ein Thema vorbereitet, diskutiert und einen Beschluss fasst. Der Beschluss der Synode – also der Menschen, die von der Gemeinschaft der Gläubigen gewählt werden, um Beschlüsse zu fassen – hat eine andere Wertigkeit und Verbindlichkeit als die Meinung einzelner Pfarrer und Laien.

WOLFGANG THIELMANN: Zum Beispiel wann?

NIKOLAUS SCHNEIDER: Zum Beispiel in Fragen der gleich-geschlechtlichen Liebe. Zehn Jahre lang hat die Synode der Evangelischen Kirche im Rheinland über die Frage diskutiert, ob auch gleichgeschlechtliche Partnerschaften im Gottesdienst gesegnet werden können. Alle Gemeinden wurden befragt. Es gab Stellungnahmen und Gutachten. Wenn, wie in diesem Fall, am Ende ein Beschluss steht, dann ist das etwas anderes, als wenn sich irgendjemand darüber aufregt und aus seiner Schrifterkenntnis heraus die Rheinische Kirche auf dem Weg in die Hölle sieht, weil sie die Segnung homosexueller Paare ermöglicht hat. Die Wertigkeit und Verbindlichkeit von Syno-denbeschlüssen ist schon wichtig, damit nicht alles in Belie-bigkeit abdriftet. Der Anspruch einer Synodalentscheidung ist nicht der einer ewig gültigen Wahrheit. Aber es gibt Fragen, in denen der Beschluss einer Synode zu einem Kriterium werden kann, ob jemand zu dieser kirchlichen Gemeinschaft gehört oder nicht. Mehr nicht, aber auch nicht weniger.

ANNE SCHNEIDER: Aber Synodenbeschlüsse beinhalten manchmal auch Kompromisse, um Glieder der Kirche mitzu-nehmen, die – noch? – eine abweichende Meinung vertreten. Das war etwa vor Jahrzehnten bei den Synodenbeschlüssen zur Frauenordination so. Deshalb stand im Beschluss zur Frau-enordination eine Klausel: Wenn eine Gemeinde keine Pfar-rerin erträgt, dann braucht sie keine Frau zu wählen. Ähnlich war das dann später bei Pfarrern oder Pfarrerinnen, die sich als homosexuell outeten: Die Gemeinde musste sie nicht beschäf-tigen, wenn sie ein Problem damit hatte. Ich will damit einfach nur sagen, dass schon beim Zustandekommen kirchlicher Äu-ßerungen ein Konsens und mitunter ein Kompromiss gesucht wird. Auch deshalb sind sie nicht dogmatische Lehrschriften.

Sie geben einen Rahmen vor, aber sie verhindern mein eigenes Denken nicht, sondern regen es an – in Zustimmung und Ablehnung. Damit kann ich gut leben und gut Kirche sein.

Eine meiner Erfahrungen mit Nikolaus und unserer Kirche war übrigens: Je höher Nikolaus in den kirchlichen Führungsebenen unterwegs war, desto sinnvoller sah er es an, dass da auch in den evangelischen Kirchen ein bisschen mehr Verbindlichkeit von oben an die Gemeinden vorgegeben wird.

NIKOLAUS SCHNEIDER: So denke ich nicht. Mein Verständnis war immer: Die Synode ist eine Selbstorganisation der Gemeinden. Wenn die Synode einen Beschluss fasst, der Gemeinden bindet, dann ist das eine Form der Selbstbindung der Gemeinden, vermittelt durch die Delegierten, die die Gemeinden ja selber gewählt haben. Das ist etwas völlig anderes als eine Vorgabe von oben nach unten.

WOLFGANG THIELMANN: Mit der Verbindlichkeit gegenüber den Beschlüssen einer Synode nehmen sich also Gemeinden selber ernst?

NIKOLAUS SCHNEIDER: Ja, so sehe ich den Zusammenhang. Und der Grad der Wertschätzung von normativen kirchlichen Äußerungen zu ethischen Fragen unterscheidet Anne und mich. Wie Anne bin ich überzeugt: Die Kirche ist nicht im Besitz der absoluten göttlichen Wahrheit, sondern die Kirche ist auf der Suche nach normativen Annäherungen an Gottes Wort und Wahrheit. Aber für mich ist diese Suche nach normativer Klarheit gerade auch für das Fragen einzelner Christenmenschen nach konkreten Wahrheiten für konkrete Lebenssituationen wichtig und notwendig. Bei diesem Fragen und Suchen vertraut die Kirche zum einen auf die Zeugnisse unserer Väter und Mütter im Glauben, im Besonderen auf die Zeugnisse der Bibel. Zum anderen aber vertraut sie auf das gegenwärtige Wirken von Gottes lebendigem Wort und von Gottes Geist. In diesem doppelt gegründeten Vertrauen beschreibt die Kirche ethische Entscheidungen und Wege, die sie für richtig hält. Ihre ethischen Stellungnahmen sind also keine ewigen Wahrheiten, aber sie verweisen auf die ewige Wahrheit Gottes. Und beim Ein- und Mitmischen in den gesellschaftspolitischen Debatten zur Verabschiedung neuer Gesetzentwürfe geht es unseren Kirchen wesentlich um die Frage: Welche politische Lösung sehen wir näher bei den Grundpositionen, die wir im Hören auf das Wort Gottes gefunden haben?

Auf das Gesetz von 2015 angewandt: Der bei der Sterbehilfedebatte im Bundestag unterlegene Gesetzentwurf von Peter Hinze und Karl Lauterbach war nach Meinung vieler Christinnen und Christen eine sinnvolle Alternative und kein Abweichen vom christlichen Glauben – auch wenn unsere evangelische und die katholische Amtskirche gemeinsam für den Gesetzentwurf von Peter Brand und Kerstin Griese plädiert hatten. Wäre der Gesetzentwurf von Hinze und Lauterbach durchgekommen, wären das Abendland und unsere Kirchen nicht untergegangen. Und auch ich hätte damit gut leben können.

WOLFGANG THIELMANN: Ärzte, heißt es, müssen lernen, dem Sterben seinen Lauf zu lassen. Mir hat ein Arzt gesagt: „Dem Sterben seinen Lauf zu lassen, ist für mich kein *passiver* Akt, sondern fordert von mir eine *aktive* Entscheidung. Davor habe ich Angst, aus zwei Gründen: Wer bin ich, dass ich ein Leben durch Therapieabbruch beende? Und, nach dem neuen Paragrafen 217, der jetzt auch die geschäftsmäßige Sterbehilfe verbietet: Ich bin Arzt in einer großen Stadt. Wenn ich in 20 Fällen 15-mal entscheide, das Leben nicht mehr aufrechtzuerhalten – handle ich dann gewerbsmäßig? Stellt das neue Gesetz diese Entscheidungen in meiner Berufspraxis, mit der ich Geld verdiene, als gewerbsmäßige Suizidassistenz unter Strafe?"

NIKOLAUS SCHNEIDER: Ich würde zuerst sagen: Wer bin ich, dass ich ein Leben aufrechterhalte, obwohl es nicht mehr gelebt werden will und ohne intensive therapeutische Unterstützung nicht mehr gelebt werden kann? Ein Therapieabbruch ist für mich angemessen und ethisch vertretbar, wenn ein Patient es fordert oder wenn es dem in einer Patientenverfügung fixierten Willen eines Patienten entspricht. Und auch wenn die mit einer Vorsorgevollmacht betrauten Angehörigen der Meinung sind, dass jetzt im Sinne des vermuteten Patientenwillen ein Therapieabbruch erfolgen soll. Auch wenn ein Arzt das 15-mal macht, stellt das für meine Begriffe nicht infrage, dass er sich gesetzeskonform verhält. Denn Therapieabbruch ist etwas anderes als eine aktive Suizidassistenz, deren gewerbsmäßige und geschäftsmäßige Ausführung von dem neuen Paragraphen 217 verboten wird.

Aber man merkt durch Ihre Schilderung, welche Verunsicherung dieses Gesetz bei Ärztinnen und Ärzten auslösen kann.

ANNE SCHNEIDER: Der Konflikt, wie weit können und dürfen Ärzte bei der Sterbehilfe gehen, ist älter als das neue Gesetz von 2015. Der Präsident der Bundesärztekammer, Frank Ulrich Montgomery, ist ein erklärter Gegner der ärztlichen Hilfe zum Sterben und der ärztlichen Assistenz bei einem Suizid. Die Grundsätze der *Bundesärztekammer* zur ärztlichen Sterbebegleitung haben Empfehlungscharakter. Die Grundsätze der *Landesärztekammern* weichen teilweise davon ab und haben als Standesrecht Gesetzeskraft. Es wird also unterschiedlich festgelegt, ob ein Arzt helfen kann oder nicht soll oder nicht darf. Durch die Regelung von 2015 ist das meiner Ansicht nach nicht hilfreich fortentwickelt worden.

Während der Debatte um eine neue gesetzliche Regelung zur Sterbehilfe waren wir auch im Gespräch mit dem Palliativmediziner Thomas Sitte. Ihm ging es auch darum, in begründeten Fällen die Freiheit von Ärztinnen und Ärzten für eine Suizidassistenz zu stärken und so auch den Sterbetourismus in die Schweiz einzudämmen. Zu meiner großen Verblüffung hatte er sich 2015 für den dann verabschiedeten Brand-Griese-Entwurf stark gemacht. Er war der Ansicht: Ärzte haben mit diesem Gesetz hinreichende Freiheiten für verantwortliche Entscheidungen.

Für mich sah und sieht die Wirklichkeit anders aus. In Hannover traf ich bei einer Veranstaltung zu den theologisch-ethischen Kontroversen in der Sterbehilfedebatte eine Frau, die von ihrer Mutter erzählte: Die Mutter war austherapiert und wollte sterben. Krebs-Metastasen hatten ihr die Wange zerfressen, und ihr Unterkiefer war teilweise zerstört. Ihr behandelnder Arzt hätte Verständnis für ihren Sterbewunsch, hätte aber bedauert, dass er ihr nicht helfen dürfe und ihr geraten, zur ärztlichen Suizidassistenz in die Schweiz zu fahren. Die Situation in Deutschland scheint also auch nach und mit dem neuen Gesetz noch immer unklar und schwierig zu sein.

Ich akzeptiere, dass Ärzte bei ihrem ärztlichen Handeln an ihr Gewissen gebunden sind. Wenn ein Arzt sein Gewissen oder seinen Glauben so versteht, dass jeder Mensch sein irdisches Leben aushalten muss bis zuletzt, also bis Gott oder die Natur den Schlusspunkt setzen, und dass er das Sterben in keiner Weise beschleunigen darf, dann, finde ich, darf ihn kein Gesetz dazu zwingen. Es müsste nur möglich sein, dass eine Patientin weiß, wo sie Ärzte findet, die das anders sehen. Ärzte, die, wenn mir mein Leben unerträglich ist, auch bereit wären, Suizidassistenz zu leisten. Solche Ärzte zu finden, sollte keine Frage meines Geldbeutels oder meines guten Beziehungsnetzes sein. Wie es eben auch bei Abtreibungen keine

Frage von guten Beziehungen ist, ob eine Frau ärztliche Hilfe erhält. Wenn der Arzt meines Vertrauens sein Gewissen geltend macht und Suizidassistenz verweigert, müsste er mich auf Kollegen oder Beratungsstellen hinweisen, die mir weiterhelfen, ohne dass ich in die Schweiz fahren muss.

Gegen Geschäftemacherei und Gewinnstreben von Sterbehilfevereinen bin ich auch. Aber „organisierte Sterbehilfe" – etwa von Beratungspraxen, Ärzten oder Apotheken – halte ich durchaus für hilfreich: Menschen sollten ohne Probleme Zugang zu einer solchen Hilfe finden. Und ich bin davon überzeugt, dass weder unsere Gesellschaft noch das Vertrauen in die Ärzteschaft Schaden nehmen würden, wenn es Ärzten rechtlich und standesrechtlich erlaubt wird/bleibt, Sterbewillige zu beraten und ihnen einen Medikamenten-Cocktail für ein selbstbestimmtes Sterben zu verschreiben.

Ich plädiere für ein ärztliches Ethos, das ärztliche Sterbehilfe als eine Lebenshilfe für die schmerzfreie, würdevolle Bewältigung der letzten Wegstrecke des Lebens versteht.

NIKOLAUS SCHNEIDER: Auch ich bin überzeugt, dass es hier in Deutschland – neben der Aufklärung und Information der Ärzteschaft – so etwas wie psychosoziale und medizinische Beratungsmöglichkeiten für Patienten mit einem begründeten Sterbewunsch und für ihre Angehörigen geben muss. Ich plädiere für ein ärztliches Ethos, das ärztliche Sterbehilfe als eine Lebenshilfe für die schmerzfreie, würdevolle Bewältigung der letzten Wegstrecke des Lebens versteht. Dabei ist die Lebensqualität wichtiger als die Lebensdauer. Beim Abwägen der hierbei entstehenden Fragen muss der Wille des Sterbenden maßgeblich sein.

Aber Menschen dürfen nicht von einem Arzt erwarten, dass

er sie aktiv tötet. Tötung auf Verlangen rechne ich nicht zur gottgewollten Barmherzigkeit gegenüber Leidenden. Ich wäre für eine finale Sedierung, wenn es keine andere Möglichkeit gibt, ein qualvolles Sterben zu verhindern.

WOLFGANG THIELMANN: Liegen manche Probleme der Sterbehilfe und der Sterbehilfegesetze vielleicht daran, dass sich mit den Therapiemöglichkeiten auch das Sterben verändert hat? Dem Sterben seinen Lauf zu lassen, heißt heute ja nicht, am Ende aller Behandlungsmöglichkeiten angekommen zu sein und nichts mehr tun zu können, sondern eine Maschine abzustellen oder ein Medikament abzusetzen. Sterben lassen fordert eine Entscheidung, manchmal ein Handeln, mit dem Wissen, dass danach der Tod eintritt.

ANNE SCHNEIDER: Der Evangelische Kirchentag 2015 in Stuttgart, der im Sommer vor der Novellierung des Sterbehilfegesetzes stattfand, war von Diskussionen darüber geprägt. Du, Nikolaus, hattest eine spannende Diskussion mit dem in Lausanne lehrenden Palliativmediziner Gian Domenico Borasio. Er sagte, dass der Wunsch der meisten Menschen nach einem schnellen, schmerzlosen Tod im eigenen Zuhause in ihren realen Lebens- und Sterbegeschichten nicht erfüllt wird. Die meisten sterben nicht schnell und nicht zu Hause. Aber er sagte auch, gerade weil er so viel mit Krebspatienten im Endstadium zu tun hat, könnte er sich in Einzelfällen auch vorstellen, für das eigene Sterben zu einem tödlichen Medikament zu greifen. Weil es Formen von Krankheiten gibt, die einfach nicht zu ertragen sind. Allerdings könnte man dann auch eine palliative Sedierung wählen, also so starke Schmerzmittel, dass sie das Bewusstsein und damit auch das Schmerzzentrum des Leidenden ausschalten. Mir wurde bei dieser Veranstaltung klar: Für mich wäre die terminale palliative Sedierung nur eine Alternative zum ärztlich assistierten Suizid, wenn ich oder meine nahen Angehörigen die Selbsttötung für eine Todsünde hielten und eine Strafe Gottes fürchteten. Moralisch-ethisch finde ich sie für mich und meine Angehörigen aber nicht sinnvoller als die aktive Beendigung meines eigenen Lebens. Statt der terminalen Sedierung könnte ich mich dann auch einfrieren lassen und hoffen, irgendwann lassen mich zukünftige medizinische Möglichkeiten schmerzfrei weiterleben.

NIKOLAUS SCHNEIDER: Das finde ich übertrieben. Nun kann es sein, dass ein gutes, menschenfreundliches Sterben trotz aller palliativen Bemühungen nicht umzusetzen ist. Dass vielleicht – wie bei bestimmten Hirntumoren – die Schmerzen nicht gelindert werden können und sich erschreckende Persönlichkeitsveränderungen beim Sterbenden vollziehen. In solchen Fällen bin ich nicht derjenige, der das Nein zur aktiven Beendigung des Lebens unter allen Umständen fordert. Aber das ist der Ausnahmefall. Und ich finde, für den Ausnahmefall brauchen wir keine gesetzliche Regelung. Er gehört vielmehr in die Freiheit verantwortlichen Handelns von Pflegepersonal und Medizinern und Betroffenen. Das können sie regeln und das sollen sie auch regeln. Ich habe das Vertrauen, dass sie damit so verantwortlich umgehen, dass daraus keine Massenbewegung wird und keine Demonstration, sondern dass die Beendigung eines Lebens ein Liebesdienst der Nothilfe bleibt.

WOLFGANG THIELMANN: Wäre eine organisierte Sterbeberatung nicht gut bei den Kirchen aufgehoben? Sie könnten durch ihre Seelsorgekompetenz etwa aufspüren, wenn ein Mensch sich aus dem Leben verabschieden will, weil er den Angehörigen zur Last zu fallen meint.

NIKOLAUS SCHNEIDER: Man kann durchaus überlegen, ob nicht Sterbeberatung auch eine Form der Lebensberatung ist. Der Begriff „Sterbeberatung" scheint mir für kirchliche Beratungsstellen aber problematisch. Wir wollen in den Kirchen zum Leben beraten. Also liegt unser Ziel darin, dabei zu helfen, wie die letzte Lebensphase gestaltet werden kann.

ANNE SCHNEIDER: Ich kann mir kirchliche Beratungsstellen auch unter dem Begriff „Sterbeberatung" vorstellen. Auch, um die konkreten Fragen zu Tod und Sterben aus der Tabu-Zone herauszuholen, die meines Erachtens ein *gutes Sterben* behindern kann. Die Kirchen – gerade auch auf der Ebene der Ortsgemeinden – genießen noch immer das Vertrauen von Menschen in Notlagen. Und Vertrauen ist auch und gerade bei der Sterbeberatung eine unverzichtbare Grundlage. So wie bei der Abtreibungsberatung. Das Vertrauen zwischen Beratenden und Ratsuchenden wird gestärkt, wenn ergebnisoffen beraten wird. Wenn Ratsuchende nicht das Gefühl bekommen: Die Beratenden wollen mich aus moralisch-ethischen Gründen von meinem Wunsch abbringen oder mir sagen, wie schrecklich das für Gott und meine Mitmenschen ist.

WOLFGANG THIELMANN: Müsste es nicht auch ein neues Vertrauen zu Ärzten geben? Immer mehr Menschen leben allein. Ich müsste ja auch ohne Angehörige eine Möglichkeit haben, mich einer Fachperson anzuvertrauen. Brauchen Ärzte mehr Ermessensspielraum? Ich sehe bei Ärzten viel Angst, dass ihnen hinterher die Angehörigen den Prozess machen, wenn sie eine Behandlung abbrechen.

NIKOLAUS SCHNEIDER: Das ist in der Tat eine verzwickte Situation. Manchmal drängen gerade die Ärzte auf eine stärkere gesetzliche Einschränkung ihres eigenen Verantwortungsraumes. Sie fordern rechtliche Festlegungen und nehmen in Kauf, dass ihre Entscheidungsfreiheit eingeengt wird, um solchen Situationen aus dem Weg zu gehen. Denn in den Moment, wo sich der ärztliche Entscheidungsraum weitet, werden auch die Möglichkeiten für Angehörige erweitert, die ärztliche Entscheidung vor Gericht zu bringen. Das ist eine schwerwiegende Folge von zu wenig Vertrauen zwischen Ärzten und Patienten. Ich bin daher sehr dafür, dass das Vertrauen zu den Ärzten in dem ganzen Prozess der Suche nach einer lebensdienlichen gesetzlichen Regelung der Sterbehilfe eine entscheidende Rolle spielt. Dass Ärzte in der letzten Lebensphase ihrer Patienten auch einen Handlungsspielraum des Vertrauens bekommen, einen Handlungsspielraum der Liebe und des Vertrauens, der nicht alles bis ins Letzte rechtlich festlegt und absichert.

ANNE SCHNEIDER: Das ist aber schwierig. Denn den Arzt, der einen durchs halbe Leben begleitet, gibt es nur noch auf dem Dorf. Die Ärzte selber haben ja dann auch so viele Menschen zu versorgen und können nicht zu jedem Vertrauen oder sogar Liebe aufbauen.

NIKOLAUS SCHNEIDER: Vertrauen braucht nach meiner Erfahrung nicht unbedingt ein jahrelanges Arzt-Patienten-Verhältnis. Wir sind in unserem Leben ja oft umgezogen und haben dabei oft unsere Ärzte gewechselt. Und ich würde behaupten: Auch wenn wir hier in Berlin erst seit 2013 leben, haben wir Ärzte und Ärztinnen unseres Vertrauens gefunden. Ich gebe zu: Zum Teil will das Finanzierungssystem die Medizin zu höherer Effizienz zwingen, und das geschieht – besonders für die Gestaltung der Sterbephase – allzu oft zu Lasten des Vertrauens zwischen Arzt und Patient. Denn Vertrauen setzt voraus, dass Zeit zum Gespräch da ist. Gespräche müssten anders vergütet werden als jetzt. Eine Untersuchung mit Apparaten ist lukrativer, das behindert ein belastbares und nachhaltiges Vertrauensverhältnis.

WOLFGANG THIELMANN: Kommen wir noch mal zu den Sterbehilfeorganisationen, deren Wirken mit dem Gesetz von 2015 bei uns in Deutschland verboten ist. Die Vertreter der schweizerischen Sterbehilfeorganisationen haben damit argumentiert, dass der Ausweg, den sie anbieten, Druck von den Betroffenen nimmt. Das führt dazu, dass sie ihn oft gar nicht gehen. Dass also sozusagen das Wissen, dass es einen Notausgang gibt, schon reicht, um ihn nicht zu benutzen. Wer weiß, dass er selbstbestimmt sterben kann, bekommt Mut, um sein Leben zu kämpfen. Ist das für Sie ein Argument?

ANNE SCHNEIDER: Ja, das ist ein Argument für mich. Weil ich mir das auch für mich persönlich vorstellen kann: Das Wissen, in meiner Nachttischschublade liegen Tabletten, die mein Leben schnell und schmerzfrei beenden, würden meine Kraft und Geduld stärken, körperliche Einschränkungen und Beschwernisse in der letzten Lebensphase länger auszuhalten. Im US-Bundesstaat Oregon wurde schon 1997 das „Gesetz zum würdigen Sterben" verabschiedet. Dort kann ein Arzt unheilbar Kranken ein Medikament verordnen, mit dem sie sich selber das Leben nehmen können. Die dortige Statistik zeigt, dass von drei Menschen, die sich das tödliche Mittel verschreiben lassen, zwei gar nicht dazu greifen. Die meisten haben das Gefühl: Es liegt in der Nachttischschublade für den Fall, dass ich nicht mehr kann; das ist gut. Aber dass das Mittel in der Schublade liegt, führt nicht zu einer Explosion der Suizidzahlen. Beobachtungen wie diese lassen mich zum Schluss kommen: Ich will mich politisch dafür einsetzen, dass es diese Option auch in Deutschland gibt. Es hilft Menschen, wenn sie wissen: Selbst wenn ich den Kampf gegen den Krebs aufnehme – ich muss ihn nicht unendlich fortführen. Und ich muss mir keine grausamen, gewalttätigen Alternativen überlegen. Ich muss aus keinem Fenster im zehnten Stock springen, ich muss mir nicht in der Badewanne die Pulsadern aufschneiden, ich muss mir keine Waffe besorgen und ich muss mich nicht vor den Zug werfen. Ich muss nicht noch andere traumatisieren, wenn ich zu der Entscheidung komme, dass ich nicht mehr weiterleben kann und will.

Ich bin auch nicht glücklich damit, dass bei uns gegenwärtig das Wirken von Sterbehilfevereinen, wie „Exit" und „Dignitas" in der Schweiz, verboten ist. Die hohen Mitgliederzahlen erschrecken mich nicht. Schwieriger finde ich den Sterbetourismus, wenn es im eigenen Land keine Lösung gibt. Das erinnert mich an den früheren Abtreibungstourismus nach Holland oder England.

Wenn ich als Einzelne die Gewissheit habe, dass es für mich jetzt gut und richtig ist, mein Leben zu beenden, dann kann ich nicht damit rechnen, dass der Staat mir hilft oder die Krankenkasse. Da brauche ich Solidargemeinschaften, die sich selber finanzieren und die mir helfen.

WOLFGANG THIELMANN: *„Welche Rolle spielen Theologie und Kirche in der gesellschaftlichen Debatte über den assistierten Suizid?"* – so lautet der Überschrift dieses Kapitels. Lassen Sie mich diese Frage zum Abschluss erweitern: *„Welche Rolle spielen Theologie und Kirche für ein gutes Leben und ein gutes Sterben?"*

ANNE SCHNEIDER: Ich will da mal mit der Geschichte *„Gott ist aus der Kirche ausgetreten"* des theologischen Poeten Hanns Dieter Hüsch antworten:

Als die Nachricht um die Erde lief,
Gott sei aus der Kirche ausgetreten,
wollten viele das nicht glauben.
„Lüge, Propaganda und Legende", sagten sie,
bis die Oberen und Mächtigen der Kirche
sich erklärten und in einem so genannten Hirtenbrief
folgendes erzählten:
„Wir, die Kirche, haben Gott, dem Herrn,
in aller Freundschaft nahgelegt,
doch das Weite aufzusuchen,
aus der Kirche auszutreten und gleich alles
mitzunehmen,
was die Kirche immer schon gestört.
Nämlich seine wolkenlose Musikalität,
seine Leichtigkeit und vor allem
Liebe, Hoffnung und Geduld.
Seine alte Krankheit, alle Menschen gleich zu lieben,
seine Nachsicht, seine fassungslose Milde,
seine gottverdammte Art und Weise,
alles zu verzeihen und zu helfen – sogar denen,
die ihn stets verspottet;
seine Heiterkeit, sein utopisches Gehabe,
seine Vorliebe für die, die gar nicht an ihn glauben,
seine Virtuosität des Geistes, überall und allenthalben,
auch sein Harmoniekonzept bis zur Meinungslosigkeit,
seine unberechenbare Größe und vor allem
seine Anarchie des Herzens – usw. ...
Darum haben wir, die Kirche, ihn und seine große Güte
unter Hausarrest gestellt,
äußerst weit gelegen, dass er keinen Unsinn macht,
und fast kaum zu finden ist."
Viele Menschen, als sie davon hörten,
sagten: „Ist doch gar nicht möglich!

Kirche ohne Gott?
Gott ist doch die Kirche!
Ist doch eigentlich gar nicht möglich!
Gott ist doch die Liebe,
und die Kirche ist die Macht,
und es heißt: ‚Die Macht der Liebe!‘
Oder geht es nur noch um die Macht?!"
Andere sprachen: „Auch nicht schlecht,
nicht schlecht: Kirche ohne Gott!
Warum nicht, Kirche ohne Gott?
Ist doch gar nichts Neues, gar nichts Neues!
Gott kann sowieso nichts machen.
Heute läuft doch alles anders.
Gott ist out. Gott ist out!
War als Werbeträger nicht mehr zu gebrauchen."
Und:
„Die Kirche hat zur rechten Zeit das Steuer rumgeworfen."
„Kirche ohne Gott!", das ist der Slogan.
Doch den größten Teil der Menschen
sah man hin und her durch alle Kontinente ziehn,
und die Menschen sagten:
„Gott sei Dank!
Endlich ist er frei.
Kommt, wir suchen ihn!"²⁵

Für mich gibt diese Geschichte von Hüsch ganz wichtige Denk-
anstöße zur Beantwortung der Frage „Welche Rolle spielen Theologie und Kirche für ein gutes Leben und ein gutes Sterben?"
Ich habe schon manchmal den Eindruck, dass unsere ver-

---

25 Zitiert nach: Buchholz, Martin: Was machen wir hinterher? Hanns Dieter
Hüsch – Bekenntnisse eines Kabarettisten. © Joh. Brendow & Sohn Verlag
GmbH, Moers 2000, S. 198 ff.

fassten Kirchen zu engherzig und zu machtbewusst sind und unsere dogmatische Theologie zu starr ist für Gottes lebendiges Wort und für die gegenwärtige Wirkungsmacht des Heiligen Geistes.

Hüsch hatte wenig Verständnis für theologische Streitereien und für engherzige Morallehren in den christlichen Kirchen. Hüsch bezeugte einen großherzigen und großzügigen Gott und plädierte für eine großherzige und großzügige Kirche. Für eine Kirche, die mit ihren ethisch-theologischen Normen nicht auf Abgrenzung und Ausgrenzung setzt und die so eine offene Heimat bleibt für Gottes lebendiges Wort und eben auch für kritische, fragende und zweifelnde Menschen.

NIKOLAUS SCHNEIDER: Genau das ist auch mir bei all meinen theologisch-ethischen Auseinandersetzungen mit Anne unverzichtbar. Und ich habe auch einen Hüsch-Text, der mir für mein Theologie-Treiben und für mein Kirchenverständnis einen wichtigen Impuls gibt. Hüsch bekennt:

„Ich meine, ich kann mir gar nicht vorstellen, dass es mal eine Inquisition gegeben hat und einen Großinquisitor. Aber es ist halt so. Das ist, was der Nietzsche sagt: ‚Wenn die Religion zur Moral wird, dann fängt sie an zu stinken.' Das ist ein wirklich und wahrhaftig wahrer Satz. Und das gilt für viele Dinge: Wenn sie zur Moral verkommen und dann auch so benutzt werden, dann wird's gefährlich. Das ist für mich das Gegenteil von Christentum. Es gibt einen Text von mir über die Kirche, da heißt es am Schluss: ‚Erst kommt die Liebe und dann die Moral.' Das ist entscheidend für mich: Die Liebe kommt immer an erster Stelle. Und dann kommt noch mal die Liebe, und dann noch mal, und dann kommt vielleicht ein bisschen Moral."[26]

---

26 Zitiert nach Martin Buchholz, a.a.O., S. 206 f.

Das, so denke ich, ist auch für uns eine zukunftsfähige Erkenntnis:

Unsere Theologie und unsere Kirche spielen eine gute Rolle *für ein gutes Leben und ein gutes Sterben*, wenn in ihnen *Glaube, Hoffnung und Liebe bleiben*, und wenn ihnen dabei die *Liebe am größten und wichtigsten ist!*

> Gutes Leben und gutes Sterben brauchen vertrauensvolle Beziehungen, Bejahung von Vielfalt und Vielstimmigkeit sowie den Mut zu Widerspruch.

V. Schlusswort

„Gib mir einfach nur ein bisschen Halt.
Und wieg mich einfach nur in Sicherheit",

so heißt es in einem Lied der Musikgruppe Silbermond. Es ist ein leises Lied und in den Worten „wieg mich einfach nur in Sicherheit" schwingen Sehnsucht und Fragen mit, die auch das Glauben, Hoffen und Lieben von Christenmenschen prägen: Wo und wie finde ich Halt und Sicherheit? Wo und wie bin ich fraglos und bedingungslos angenommen? Wo und wie wird mein unübersichtliches Leben mit all seinen Brüchen und dunklen Seiten ganz und heil? So heil, dass ich gut leben und gut sterben kann.

Auch unsere Theologie und unsere Kirche wollen und können sie nicht aufgeben, diese menschliche Sehnsucht nach Eindeutigkeit, nach Wahrheit und Klarheit für all die Wirrnisse des privaten und politischen Lebens. Sie wissen sich von Gottes Wort angesprochen und zum Bezeugen des göttlichen

Willens berufen. Und sie wären dabei so gern mit der Klarheit ihres Gottes erleuchtet. Damit sie Gottes Wort und Willen klar und eindeutig verstehen und klar und eindeutig weitergeben: Im Blick auf ethische Gebote und Normen, etwa im Blick auf die „Ehe für alle", auf aktive Sterbehilfe für Lebenssatte, auf Sexualmoral und Geburtenverhütung. Und auch im Blick auf die vielen Flüchtlinge in unserem Land und in Europa, im Blick auf Krieg und Terror in Syrien, im Blick auf Israel und Palästina, im Blick auf Finanzkrisen, Klimawandel und das Erstarken einer fremdenfeindlichen extremen Rechten in Europa.

Im Blick auf diese Sehnsüchte und Fragen – die auch uns bewegen! – wäre es vielleicht nahe liegender gewesen, in unserem Interviewbuch *Vom Leben und Sterben* nur vertrauensvolle und keine widersprüchlichen Gedanken zu äußern. Vertrauen und vertrauensvolle Beziehungen aber haben „auf Sand gebaut", wenn sie sich widersprüchlichen Gedanken verweigern und verschließen. Das haben uns die sieben Jahrzehnte unseres Lebens und die fünf Jahrzehnte unserer Liebes- und Denkbeziehung gelehrt.

Die in der Bibel bezeugte Gottesebenbildlichkeit des Menschen bedeutet für uns: Menschen sind mit Gott und zu Gott beziehungsfähig. Sie können auf Gottes Wort hören und antworten. Sie können über die Grenzen ihrer Vernunft hinaus glauben, hoffen und lieben. Und sie können Verantwortung übernehmen mit ihrem und für ihr Denken, Reden und Handeln. Fragen, Prüfen, Behaupten, Bezweifeln und Widersprechen gehören zu den dem Menschen geschenkten Begabungen. Auch in Theologie und Kirchen. Und auch in vertrauensvollen Beziehungen zu uns selbst, zu anderen Menschen und zu Gott.

Es gibt immer wieder Zeiten, da sehnen wir Menschen uns nach fraglosen und zweifelsfreien Glaubensgewissheiten, nach Eindeutigkeit und nach Widerspruchsfreiheit in unserer religiösen Erfahrung und in unserem theologischen Denken.

Da bedauern und beklagen wir, dass Gott uns sein Wort nur in „irdenen Gefäßen", also nur in der unlösbaren Verbindung mit vielstimmigen Menschenworten offenbart hat. Und es gibt immer wieder Zeiten, da sehnt sich unsere Gesellschaft nach einem klaren, einstimmigen und eindeutigen Wort der christlichen Kirchen, mit dem dann wahre und falsche Propheten unterschieden und mit dem politische und ethische Entscheidungen eindeutig verurteilt oder gerechtfertigt werden könnten.

Wir wollen diese Sehnsucht nach zweifelsfreier Glaubensgewissheit in uns selbst nicht verdrängen, und wir haben auch Verständnis für das gesellschaftliche Verlangen nach zweifelsfreier und eindeutiger kirchlicher Lehre in unruhigen Zeiten. Aber wir behaupten: Der Besitz von eindeutigen absoluten Wahrheiten gehört nicht zu dem uns vom Schöpfer-Gott zugedachten menschlichen Maß. Der Verzicht auf widersprüchliche Gedanken und die Ablehnung von Vielfalt und Vielstimmigkeit machen nachhaltige vertrauensvolle Beziehungen unmöglich und führen letztendlich zu einer lebensfremden und demokratiefeindlichen Sektiererei. Glauben, Denken und Handeln ohne Zwiespältigkeit und Widersprüchlichkeit bleiben oberflächlich, sind anfällig für populistische Parolen und fördern Intoleranz und Fremdenfeindlichkeit.

Mit meinem Vertrauen schenke ich meinem Gegenüber nicht zugleich meine Einwilligung in alles, was es sagt und tut. Das Geschenk meines Vertrauens ist für mich nicht zugleich der Verzicht auf kritische Begleitung, eigene Verantwortung und Widerspruch. Die fünf Jahrzehnte unserer Liebes- und Denkbeziehung haben uns gelehrt: Vertrauen verlangt vom anderen keine vollkommene Übereinstimmung mit dem eigenen Denken, Fühlen und Urteilen. Vertrauen setzt darauf, dass der andere es gut mit mir meint; dass die Begegnungen, die Gespräche und die Beziehungen mit ihm uns gegenseitig guttun.

Gutes Leben und gutes Sterben brauchen vertrauensvolle Beziehun-
gen, Bejahung von Vielfalt und Vielstimmigkeit sowie den Mut zu
Widerspruch – davon sind wir überzeugt.

Dazu möchte dieses Buch ermutigen.

Anne und Nikolaus Schneider

Quellenangaben

Barth, Karl: Kirchliche Dogmatik III, 4. © Evangelischer Verlag, Zollikon-Zürich 1950.

Bonhoeffer, Dietrich: Ethik. Werkausgabe, Band 6. Herausgegeben von Ilse Tödt, Heinz Eduard Tödt, Ernst Feil, Clifford Green. © Kaiser, Gütersloh 1998.

Buber, Martin: Die Erzählungen der Chassidim. © Manesse, Zürich 1949, in der Verlagsgruppe Random House GmbH, München.

Buchholz, Martin: Was machen wir hinterher? Hanns Dieter Hüsch – Bekenntnisse eines Kabarettisten. © Brendow Verlag, Moers 2000.

Delius, Friedrich Christian: Warum Luther die Reformation versemmelt hat: eine Streitschrift. © Rowohlt Taschenbuch Verlag, Reinbek bei Hamburg 2017.

Domian, Jürgen: Interview mit dem Tod. © Gütersloher Verlagshaus, Gütersloh 2012, in der Verlagsgruppe Random House GmbH, München.

Erlbruch, Wolf: Die große Frage. © Hammer, Wuppertal, 2004.

Funke, Cornelia: Tintentod. © Dressler, Hamburg 2007.

Gröhe, Hermann und Schneider: Und wenn ich nicht mehr leben möchte? Sterbehilfe in Deutschland. © adeo Verlag, Aßlar 2015.

Kaschnitz, Marie Luise: Gesammelte Werke in sieben Bänden, Band 5: Die Gedichte. © Insel Verlag, Frankfurt am Main 1985. Alle Rechte bei und vorbehalten durch Insel Verlag Berlin.

Marti, Kurt: DU. Rühmungen. © Radius-Verlag, Stuttgart 2008.

Marti, Kurt: Geduld und Revolte: Die Gedichte am Rand. © Radius-Verlag, Stuttgart 1984.

Connie Palmen „Logbuch eines unbarmherzigen Jahres". © Diogenes, Zürich 2013.

Ridder, Michael de: Wie wollen wir sterben? Ein ärztliches Plädoyer für eine neue Sterbekultur in Zeiten der Hochleistungsmedizin. © Deutsche Verlagsanstalt, München 2010.

Schneider, Meike: Ich will mein Leben tanzen. © Neukirchener Verlagsgesellschaft mbH, Neukirchen-Vluyn 2009.

Steffensky, Fulbert: Heimathöhle Religion. Ein Gastrecht für widersprüchliche Gedanken. © Radius-Verlag, Stuttgart 2015.

Sölle, Dorothee: Leichter werden. In: Dies.: Gegenwind. © Hoffmann und Campe Verlag, Hamburg 1995.

Wir haben uns bemüht, alle Quellen ausfindig zu machen. Wo es uns nicht gelungen ist, sind wir dankbar für Hinweise.

Filme:

Satte Farben vor Schwarz. Regie: Sophie Heldmann. Deutschland/Schweiz 2010.

Hinter dem Horizont. Originaltitel: What Dreams May Come. Regie: Vincent Ward. USA/Neuseeland 1998.

Weitere Empfehlungen

Bücher:

Domian, Jürgen: Dämonen. © Gütersloher Verlagshaus, Gütersloh 2017.

Feuerbach, Ludwig: Das Wesen des Christentums. © Reclam, Stuttgart 2005.

Grill, Bartholomäus: Um uns die Toten. Meine Begegnungen mit dem Sterben. © Siedler, München 2014.

Hadley, Pia: Als meine Sonne unterging – Der Suizid meines todkranken Mannes. © Vier-Türme-Verlag, Münsterschwarzach 2018.

Jens, Inge: Langsames Entschwinden: vom Leben mit einem Demenzkranken. © Rowohlt, Reinbek bei Hamburg 2016.

Küng, Hans: Glücklich Sterben? © Piper, München 2014

Oswald, Ueli: Ausgang – Das letzte Jahr mit meinem Vater. © Edition Epoca AG, Zürich 2009.

Pásztor, Susann: Und dann steht einer auf und öffnet das Fenster. © Kiepenheuer & Witsch, Köln 2017.

Schulz, Roland: So sterben wir. Unser Ende und was wir darüber wissen sollten. © Piper, München 2018.

Sölle, Dorothee: Mystik des Todes. © Herder, Freiburg im Breisgau 2011.

Ullmann, Linn: Gnade. © Droemer, München 2004.

Waller, Friederike (Hg): Alles ist nur Übergang. Lyrik und Prosa über Abschied, Sterben und Tod. © Klöpfer & Meyer, Tübingen 2011.

Wild, Thomas: Mit dem Tod tändeln. © Radius-Verlag, Stuttgart 2016.

Filme:

Liebe. (Originaltitel Amour, Festivaltitel Love) Regie und Drehbuch: Michael Haneke. Frankreich, Deutschland, Österreich 2012.

Schmetterling und Taucherglocke. (Originaltitel: Le scaphandre et le papillon) Regie: Julian Schnabel. Frankreich, USA 2007. Filmbiographie nach dem gleichnamigen autobiographischen Roman von Jean-Dominique Bauby, auf Deutsch erschienen bei: Zsolnay, Wien 1997.

Das Leben tanzen

Leukämie – diese Diagnose wird für Meike zum Todesurteil.
Aber die Theologiestudentin kämpft bis zum letzten
Atemzug. Und sie schreibt Tagebuch. Wer das anrührende
und aufwühlende Zeugnis dieser jungen Frau liest,
spürt den Glauben, der sie trug.
Mit einem Vorwort von José Carreras.

Meike Schneider
Ich will mein Leben tanzen
Tagebuch einer
Theologiestudentin,
die den Kampf gegen
Krebs verloren hat

kartoniert, 182 Seiten,
mit farbigen Fotografien
und Bildern,
ISBN 978-3-7615-5714-3

🔲 **neukirchener**

Persönlich und tröstend

Wenn ein geliebter Mensch stirbt, hinterlässt das ein Gefühl
großer Leere in uns. Und es führt uns oft an die Grenzen
unseres Gottvertrauens. Anne und Nikolaus Schneider haben
das erlebt, als ihre Tochter Meike an Leukämie starb.
Dieses Buch will trösten und die Erfahrung weitergeben:
Gott ist bei uns – gerade auch in den Todesnächten unseres
Lebens.

Anne Schneider /
Nikolaus Schneider
**Wenn das Leid, das wir
tragen, den Weg uns weist**
Leben und Glauben mit
dem Tod eines geliebten
Menschen

gebunden, 79 Seiten,
mit Leseband,
ISBN 978-3-7615-5728-0

neukirchener